林徽因传

冷锋 编著

南海出版公司

2020·海口

图书在版编目(CIP)数据

林徽因传/冷锋编著.--海口：南海出版公司，2020.7

ISBN 978-7-5442-9623-6

Ⅰ.①林… Ⅱ.①冷… Ⅲ.①林徽因（1904-1955）—传记 Ⅳ.①K826.16

中国版本图书馆CIP数据核字(2019)第096586号

LIN HUIYIN ZHUAN

林徽因传

编　　著　冷　锋

责任编辑　余　靖

出版发行　南海出版公司　　电话：（0898）66568511（出版）
（0898）66350227（发行）

社　　址　海南省海口市海秀中路51号星华大厦五楼　　邮编：570206

电子信箱　nhpublishing@163.com

经　　销　新华书店

印　　刷　三河市延风印装有限公司

开　　本　880毫米×1230毫米　1/32

印　　张　8

字　　数　172千字

版　　次　2020年7月第1版　2023年1月第2次印刷

书　　号　ISBN 978-7-5442-9623-6

定　　价　36.00元

序

“一身诗意千寻瀑，万古人间四月天。”

在民国时期的著名才女中，林徽因是最杰出的一位。

她是旷世才女，是美貌与智慧的结合。

她出身于官宦世家，是名门之后，父亲曾经任北洋政府司法总长。

林徽因出生在西子湖畔，从她在西子湖边的第一声啼哭起，林徽因就带有了西湖的灵秀、美丽和轻灵。生于杭州的林徽因是幸运的，西湖的婉约和柔美，杭州城的古典和诗意，为她生命的底色打上了深深的烙印。她具有江南女子清新灵动的韵致，就像盛开在江南的那朵最美的白莲，上天给了她绝世的容貌和平和的性情，家族又为她提供了最好的教育，祖母甚至不允许她没读过书的生母带她，终日将她带在身边，悉心教养。

她成年后，父亲一心要把她培养成一个有益于社会的栋梁之材，于是领着她周游了列国，到英国读书，后来她又凭自己的努力，考取了美国的大学。她漂洋过海，留学海外，成为众多学子仰慕的对象。学成后，她和梁思成一起放弃了美国优厚的条件，回到了战乱中的祖国，用所学的知识报效国家。

林徽因为了事业，拖着病弱的身躯，不惧艰辛，与梁思成考察古建筑，奔走于大江南北荒郊野地里的民宅古寺，遍访年久失修的名胜古迹，和梁思成一起写下划时代的巨著。国家危难之际她重病在身，一贫如洗，但毅然拒绝了美国友人聘请他们夫妇去讲学，她和学生谈话时曾说过："我深信一个有爱国心的中国知识分子不会选择在这个时候离开祖国的。"新中国成立后，她怀着极大的热情参与了建设，她是中华人民共和国国徽的设计者之一，也是人民英雄纪念碑的设计者之一。

她有着出众的才能、倾城的容貌，是那个时代极为杰出的才女。她学贯古今、中西、文理，她将满腹的热情投向建筑及文学领域，在建筑学和文学创作上都显露出惊人的才华，达到了令人仰视的高度。即使是民国那些知名的文人学者对于她也很少有不佩服的。

在20世纪30年代，林徽因就享有"一代才女"的美誉，她最早加入了新月社，在诗歌、小说、散文、戏剧、绘画、翻译等方面都有不小的成就。她的文字纯洁剔透，在她的文字中，我们穿过幽静的树林，越过清澈的溪涧，倾听燕子的呢喃。她是温暖柔情的，又是广闻博识的，交友的广泛使她收获了丰厚的友谊。林徽因让人敬佩的不仅是容貌才华，更是她外柔内韧顽强不屈的精神和爱能爱到至深至纯，诚又诚到如痴如醉的人生境界。

在林徽因的著作中，建筑学家的严谨和作家的浪漫糅合得浑然一体。她的学术论文和调查报告，不仅有严谨的科学内容，而且用诗一般的语言描绘和赞美祖国古建筑在技术和艺术方面的精湛成就，文章充满诗情画意。

林徽因是美丽的，她是人间最美的四月天，林徽因的感情世界里有三个知己：一个是建筑大师梁思成；一个是诗人徐志摩；一个是学界泰斗、为她终身不娶的金岳霖。

她让徐志摩怀想了一生，让梁思成宠爱了一生，让金岳霖默默地记挂了一生，更让世间众多优秀的男子仰慕着，她因生活中优秀的男性而更加优秀。

林徽因的建筑，离不开梁思成的彼唱此和；林徽因的诗，得益于徐志摩的默契配合；学术界的泰斗金岳霖更是对她呵护有加。与她共度一生的是梁思成，金岳霖因她终身不娶，徐志摩在赶赴她演讲的途中坠机身亡。

女人的生命中，出现这三人的其中一个都是非常难得的，但三人同时出现在她的生活中，或许也让她品尝着常人所不能理解的纠结。“那一晚你和我分定了方向，两人各认取个生活的模样。”一个至情至性的女人，这般的痛楚让她如何承受？

或许，她渴望的只不过是纯粹的爱和简单的生活，渴望宁静却因优秀而不得，所以她才有淡淡的叹息和无奈吧。

她的人生中充满着爱与美。

她爱金岳霖，对于为了她终身未娶的哲学大师，她说她会像爱家人一样地爱他。

她爱徐志摩，康桥中的柔波与英伦的夕阳曾经见证了这段恋情，但她并没有被情感蒙蔽理智的双眼。她要的是现世的安稳，而这些，是徐志摩无法给她的，徐志摩的感情就像天空中飘摇不定的风筝，一撒手便是天涯两端，所以在世俗中，他们之间的感情无法有更多的交集。林徽因在这场恋情中，始终都是清醒的，虽然痛苦，虽然无奈，但她还是离徐志摩而去，最终选择了梁思成。林徽因也是幸运的，遇见了心胸宽广的梁思成。如果没有梁思成的辅助，就没有在众多领域取得成功的林徽因。没有梁思成的爱护体贴，林徽因的家庭生活也不会这样幸福。而没有梁思成的宽广心胸，充满诗意的林徽因也不会有人生中的各种精彩。有多少男子能如梁思成那样宽宏大度，又有多少女子能像林徽因那般幸运?

她对终身伴侣梁思成说："你给了我生命中不能承受之重，我将用我一生来偿还！"

林徽因才情并茂，不失理性和知性。她抛却外表的浮华，用细腻的才情演绎属于精彩女人的别样风情。她理性的睿智超出常人，淡定执着地与丈夫走过人生，正是由于他们这段美丽的尘缘，为中国建筑史留下了浓墨重彩的一笔。

张清平先生用林徽因和梁思成终生痴迷的古建筑来比喻他们

的结合：梁思成是坚实的基础和梁柱，是宏大的结构和支撑。而林徽因则是灵动的飞檐、精致的雕刻、美丽的栏杆。他们一个厚重坚实，一个轻盈灵动，他们的组合无可替代。

林徽因被人众星捧月，但也能够耐得住寂寞与清冷，虽然世俗之人对她的感情生活有非议，但林徽因对此不屑一顾，任凭外界散步的各种流言，却始终保持着高贵的沉默。

她是个传奇的女性，也是个值得仰慕的女性。

CONTENTS
目录

（一）江南水乡那朵白莲

林徽因的出生，给杭州增添了更多梦幻的色彩。

这个从江南走出的女子，带着与生俱来的美丽灵动、

高雅才情，成了民国时期最耀眼的女性。

她的诗，给人营造了一个空灵唯美的世界，

她就像一朵洁白高贵的莲花，给人带来美丽。

上有天堂下有苏杭，杭州是个空灵古雅、充满诗意的城市，也是一个有着浪漫传说的美丽城市。

杏花春雨的江南，水汽氤氲的江南，最美不过传说中的西湖，“水光潋滟晴方好，山色空蒙雨亦奇。欲把西湖比西子，淡妆浓抹总相宜”的东坡名句道出了西湖的柔美与典雅。

这里有平湖秋月、苏堤春晓、曲院风荷、柳浪闻莺等众多名胜，还有遍地盛开的浪漫的桂花。人们喜爱桂花的高雅出尘和满树的清香，李清照说它是：“暗淡轻黄体性柔，情疏迹远只香留。何须浅碧深红色，自是花中第一流。”桂花的花瓣是黄白色的，随风摇摆，好像是蝴蝶的翅膀在翩翩起舞，叫人浮想联翩。

一方水土养一方人，西湖的景色美，西湖的女子更美。江南水乡的女子，自有一股外秀内慧柔婉的灵动，她们是结着丁香般愁怨的姑娘，曾经走过悠长的雨巷。娇羞的采莲女，是有着莲一般的美丽，莲一般清雅的姿态，她们怀着莲花般的心事，低低地倾诉着：江南可采莲，莲叶何田田，鱼戏莲叶间。鱼戏莲叶东，鱼戏莲叶西，鱼戏莲叶南，鱼戏莲叶北。

在梦幻般的西湖旁边，缠绵的美与爱一次次相遇。有无数浪漫的故事在发生着，不知道是不是因为西湖的美景，惹出了无数或者美丽或者凄婉的爱情故事，使得千年的西湖越发神秘。

我想如果没有那些善解风月的人，西湖纵然美丽，仍只是一片空荡荡的山水。正是有了这些美丽的故事，有了这么多美丽的、多情的、温婉的、灵秀的女子，给予苏杭内在的气质和底蕴，才使得杭州变成了一个闻名千年的“爱情之都”。

林徽因的出生，给杭州增添了更多梦幻的色彩。这个从江南走出的女子，带着与生俱来的美丽灵动、高雅才情，成了民国时期最耀眼的女性。她的诗，给人营造了一个空灵唯美的世界，她就像一朵洁白高贵的莲花，给人带来美丽。

世间曾有林徽因，世间只有林徽因。她以超拔旷世的才情，诗意地在人间栖居。她的内心花好月圆，云淡风轻。她执着于梦想，如同一颗璀璨的夜明珠，在建筑和文学两个截然不同的领域大放异彩。她是口吐莲花、妙语如珠的聪慧女子，众星捧月般的追随者环绕她、仰视她。

有人说她是一朵出淤泥而不染的青莲，纯洁而高雅。有人说她是满树的桂花，散发芬芳与幽香。还有人说她是茉莉花，洁白无瑕，超凡出尘。其实，她集中了所有花的优点，是人间最名贵的莲花，默默地绽放；也像一颗夺目的宝石，优雅高贵，而不张扬。

林徽因是一朵生长在江南水乡里的清雅白莲，不蔓不枝。无论周围有多少淤泥，她只顾迎风绽放，散发出芬芳的幽香。她永远那么清新灵动，她的笑容里始终流露着欢乐和幸福，她的世界风清月朗，云淡天高。

这朵开在爱河里的莲花，美丽聪明，是个谜一般充满诗意的女子，有关她的一切都是那么令人迷醉。她清秀的面容，唇角那淡淡的可以点亮四面风的笑窝，散发在油墨芳香的字里行间。

她喜欢在月圆星稀的晚上，穿一身用精美软缎面料做成的白色衣裙，精致的衣裙恰到好处地勾勒出她的典雅高贵。微风吹拂着飘逸的长发，她的心亦有所触动，灵感袭来，她拿出生花的妙笔，随意挥洒，便写出一篇绝妙好文。她这个如莲花般的女子，有着很多美丽的故事，值得人们去回味，去探寻。

1904年6月10日的浙江杭州，陆官巷的一个深宅大院里，住着一户姓林的官僚知识分子人家。这是个富有的大家庭，此时，他们全家正在迎接新成员的诞生。这位新成员长大后长得明眸皓齿，有股天然的风韵，她就是一代才女林徽因。

林徽因的原名叫林徽音，是祖父林孝恂取的，其名出自《诗经·大雅·思齐》："思齐大任，文王之母。思媚周姜，京室之妇。大姒嗣徽音，则百斯男。"寓意是，希望她能够继承美德，招来儿孙满堂。后因常被人误认为当时的另外一个作家林微音，故改名"徽因"。

林徽因的原籍是福建闽侯，林家的祖先也是名门望族，最早据说可以追溯到殷商时期的忠臣比干。林姓家族经过历朝历代的政权更迭，到了林孝恂这一代，已经是强弩之末了，家族中的子弟，大多沦为中产、布衣，他们从事各种工作来养家糊口。

林徽因的祖父林孝恂，年少清贫，但知识渊博，才思敏捷，变通的能力较强。

林孝恂写得一手好字，他的字体飘逸中有力道，柔和中有刚劲，令人叫绝。他曾像蒲松龄一样，在大户人家做过教书先生，当时他的收入微薄，一年不过数十千制钱。由于经济窘迫，子女众多，钱总是不够用。林家的生活非常简朴，他平时买水果回家，都是将水果切成一片片地分给孩子。

但林孝恂是个很有能力的人，他的科举之路走得很顺畅。1889年，即光绪十五年，他参加科举考试，中己丑科二甲第一百一十一名进士，与康有为同科，被授予翰林院编修。

林孝恂是聪明人，他审时度势，深谋远虑。他考虑到在京城做官，与别人来往走动，少不了许多开销应酬，而自己的家底不厚，未必能如鱼得水，于是，林孝恂便有意请求外放。当时，外放有条捷径，在翰林院年度甄别考试时只要故意写错一个字，考官即明白此人希望离京，林孝恂据此而行。经过一番打点，他很快便下放到地方做官。

林孝恂做过金华、孝丰、仁和、石门、海宁诸州县的地方长官，最终做到了代理杭州知府。因为林孝恂在杭州做过官，所以林徽因说自己是半个杭州人，她正是诞生在林孝恂在杭州的宅院中。

林孝恂处于旧时代的衰亡之际，身负各种束缚，但他却能从束缚中挣脱出来，走在新时代的前端。他的胸襟、气度和眼光，决定了整个家族的发展方向，在他的努力经营下，曾经式微的家族振兴起来。

林孝恂才华横溢，有股飘逸之气，在杭州当官时，他曾手书对联："书幌露寒青简湿，墨花润香紫毫圆。"林孝恂亲见甲午战争中国惨败，痛定思痛，认识到实学的重要，再加上私塾教师的出身，他非常重视教育，世代书香门第的林家从此书香更盛。

他是个务实主义者，喜欢读书，除了正统的诗书之外，他还学习技艺，学习医术。林孝恂的这种学习态度，对后人深有影响。林孝恂在崇福当知县时，就开始废八股、兴学堂，后来到杭州，又开始设立林家私塾，教导儿孙读书。林家私塾中西合璧，设立东西两斋，东斋传授旧学，西斋传授新学。

林徽因的长辈们，从小就打下了深厚的国学根基，又接受了新学的启蒙，因此，眼界自然高于当世人。林家的新学课程非常新潮，有林纾教四书五经，有林白水介绍地理天文，还有外籍老师华惠德、嵯峨峙来向孩子们传授英文、日语。这种开明的教育方式，不但使自家的子女多有受惠，就是族中子弟，也多受滋养，林孝恂培养出了很多栋梁之材，家族中的子弟日后做成大事的不乏其人。林孝恂曾经资助过的赴日留学的学生，很多都参加了孙中山领导的革命运动。

林徽因的祖母、林孝恂的夫人游氏擅女红，非常喜欢读书，亦擅长书法，林孝恂与游氏感情极好。

林孝恂曾亲口向儿孙辈说起过一段浪漫的爱情故事。在一个元宵节，少年林孝恂站在街边观赏游神，整条南后街到处都是灯影，锣鼓喧天。蓦然间，他的眼前一亮，因为他看见了对面的美丽少女，笑靥如花，亭亭玉立，不禁怦然心动。从那以后，那个女孩子的影子就在他的心里扎下了根。他是个羞涩的少年，不敢向父母吐露心事，只能把好感暗暗地埋藏在内心深处。未曾想，到了成婚的那天，林孝恂掀开红盖头，眼前的竟是那个女孩，也就是游氏。这真是天赐良缘，他自然大喜过望，一段美满的姻缘从此就开始了，夫妻恩爱，白头偕老。林孝恂当官却从不纳妾，夫唱妇随，成了当时的一段佳话。

游氏貌美多才，为林孝恂生了五女二男共七个孩子，林家可谓多子多福。其中，林徽因的父亲林长民是林孝恂的长子，1906年赴日留学，不久回国，在杭州东文学校毕业后再度赴日本早稻田大学，学习政治、法律。叔林天民，字希实，早年亦留学日本，学习电气工程。大姑林泽民，嫁王永昕。二姑生一女后去世。三姑林嫄民，嫁卓定谋。四姑林丘民，嫁曾仙舟。五姑林子民，嫁李石珊。

林徽因的堂叔林觉民、林尹民均为黄花岗革命烈士，他们都曾在林孝恂的私塾就读过。

林孝恂有着平等的思想，从不以“女子无才便是德”禁锢眷属。他倡导男女平等，女孩和男孩应该一样接受教育。所以他家的女儿，除了先天聪明之外，后天也接受了良好的教育，每个都能诵诗习字，出口成章。按照当时的标准，她们都是貌美的才女。

林徽因幼时跟着祖父一起生活，受到了许多教导。林徽因的姑姑林泽民，更是对林徽因进行了最早的启蒙教育，为林徽因日后的发展打下了坚实的基础。

一个人的美并不是偶然的。她聪慧的大脑、超人的智慧，来自祖父；明眸皓齿，清秀俊美的面容，源自祖母。

有人天生是一块美玉，稍加打磨，便会放出光芒。林徽因是个很有慧根和灵气的孩子，带着与生俱来的书卷气，眉宇之间透出典雅的韵味。她的资质很高，又遇到了悉心培养她的姑母，只要姑母稍加指点，她便能豁然开朗。

林徽因小时候，父亲林长民留学海外，于是她就跟着祖父林孝恂一起生活。在林徽因的记忆里，父亲是个从来都不在家的人。因为在林徽因小的时候，父亲一直在日本读书，所以她的第一位启蒙老师是大姑。大姑非常喜欢林徽因，因为她乖巧且灵秀。

林徽因幼年时经常搬家，先是和祖父移居上海，又跟着祖父来到大气磅礴的北京城，来到父亲的身边。当林徽因从北京巍峨的城门走进去的时候，她的心便被这座古老而又神秘的城市震撼了，林徽因从此爱上了北京，爱上了这里的古建筑，爱上了这里的生活。

居住地的变换，开阔了林徽因的眼界，同时也培养了她的气质。所以在她的身上，既有南方沿海城市的浪漫灵秀，又有北方京城的古典厚重。

（二）书香门第，世家风范

培华女子中学的英国贵族式的教育，

培养了学生良好的举止和谈吐。

在这里，她美丽的容貌和优异的成绩，

使她很快就成了学校明星般的人物，

也使她更得父亲林长民的喜爱。

有其父必有其女，才女林徽因的才情、禀赋个性，乃至容貌，很多都得益于父亲林长民。林长民是民国初年闻名士林的书生逸士，又是倡言宪政、推进民主政治的积极倡导者。

林长民年少的时候，曾经在林氏家塾中读书，他的老师是闽中名士林纾，林长民也由此获取了最初的西学知识。光绪二十三年，林长民考中秀才，但他为更大的志向放弃了科举，在家苦学英文、日文。父亲林孝恂花费重金专门为他请了两位洋人做老师，一位是加拿大籍，另一位是日本籍。1906年林长民到日本留学，不久回国，在杭州东文学校毕业，接着再度赴日，就读于早稻田大学预科及大学部政经科。

林长民是日本留学生中公认的领袖人物。他热心社会公益，乐于为人排忧解难，还曾经担任留学公会会长。林长民身兼数职，他有才华，不仅学识渊博，且“善治事”；有口才，善于辞令，口若悬河，滔滔雄辩。由于家庭富裕，他养成了为人处世、慷慨大方的性格，对于交际所需，从来都不吝啬。而且他做人有胆识、遇事肯担当，从不畏惧。

林长民是个改良主义者，他希望通过从政，以改良的方式实现立宪政治。他广泛地交流结识各界名流，为今后的事业打下基础。“政治家须有容人的雅量，中国前途不可知，尤须联络异己，为沟通将来政治之助。”足见他立志要改革中国社会的远大抱负。

林长民从日本留学回国后，做了一件叫林孝恂都非常吃惊的事：他拒绝了清政府要授予的翰林进士身份，回到祖籍福建出任官立法政学堂教务长。这期间，他大胆改革，革除积习，做了很多事。后来，林长民奔赴北京，与徐佛苏等组成“宪友会”鼓吹宪政。辛亥革命爆发后，林长民到上海参加第一届“各省都督府代表联合会”时，与同盟会党人发生争执。没有多久，林长民在南京下关车站遇刺，好在最终有惊无险。

林孝恂大为担忧，他认为林长民太激进，容易出危险，为了安全起见，他干脆将儿子关在楼上不叫他出门。但所有的一切并没有叫林长民退缩，他自信有政治才能，立志要做“治世之能臣”。

与优秀的父亲相比，林徽因的母亲何雪媛却是个非常普通的人。她是林长民的续弦，来自浙江嘉兴的小镇，父亲是个小作坊主，家里比较富裕，在家里她又最小，所以有几分任性，也不会处理各种关系。

因为与林长民指腹为婚的大太太叶氏过早病逝，没留下子嗣，所以嫁入林家的何雪媛，肩负着为林家传宗接代的重任。她生过一男两女，但只有林徽因活了下来。

由于在生儿育女这件大事上，何雪媛没有为林家做出太大贡献，在重男轻女的时代，她自然得不到婆婆的欢心。虽然她也有几分姿色，但却不善女红，在处理人际关系上也不讲究技巧，加上她是旧时代的女人，没有读书和接受教育的机会，所以更谈不上书法和诗词了。面对着出身于大家闺秀、才华横溢的婆婆，作为小媳妇的她怎能伸直腰抬起头？

在那个不孝有三无后为大的时代，即便是林长民再娶，何雪媛也无计可施。她与林长民结婚十年之后，年轻貌美的上海女子程桂林便走进了林家。从此何雪媛有了一个强劲的对手，过起了被丈夫遗忘的生活。那年，她才31岁，虽然有丈夫有家，但却生活在家庭的边缘，处于被忽视的位置。

程桂林来自上海，文化程度也不高，但却非常圆滑乖巧，再加上她的肚子也争气，一连生了几个儿子，便深得婆婆的欢心，全家上下皆大欢喜。

林长民有个“桂林一枝室主”的别号，显然是从“程桂林”三个字里化出来的。林长民和程桂林的一群孩子住在院子前面的大房子里，夫妻恩爱，比翼双飞，其乐融融，享尽天伦之乐。

而林徽因和何雪媛却被撵到了后院，住小房子。何氏长期过着分居的孤单生活，孤苦伶仃、无人理睬、郁郁寡欢，可谓是“凄凄惨惨戚戚”，致使她的脾气也越来越坏。母亲的失宠给林徽因的童年留下了阴影，因为母亲的失意，林徽因的童年也是敏感的，需要处处小心，步步留神。环境的不如意，也让林徽因变得早熟，幼小的她，常常感到悲伤和困惑，不得不具备察言观色的生存能力，性格也开始变得多愁善感起来。林徽因就是在这样一个让她自卑又敏感的环境里成长起来的，童年时代的阴影一直陪伴着她。

林长民49岁因战祸去世后，林徽因在美国读书，她一直牵挂着母亲，自立门户后的第一件事，就是把性格阴郁，也不理解她的母亲接到家中赡养。童年时代的家庭生活，给林徽因的性格带来不小的影响。林徽因曾写过一篇小说《绣绣》，这是个悲剧故事，从中，我们可以看见她当时的生活：

起初我以为绣绣没有爹，不久我就知道原来绣绣的父亲是个很阔绰的人物。他姓徐，人家叫他徐大爷，同当时许多父亲一样，他另有家眷住在别一处的。绣绣同她妈妈母女两人早就寄住在这张家亲戚楼下两小间屋子里，好像被忘记了的孤寡。绣绣告诉我，她曾到过她爹爹的家，那还是她那新姨娘没有生小孩以前，她妈叫她去同爹要一点钱，绣绣说时脸红了起来，头低了下去，挣扎着心里各种的羞愤和不平。

从这段话里，我们看到了林徽因童年生活的影子，父亲没有和他们生活在一起，而是和另外一个得宠的女人在一起，她和母亲住在小房子里，过着没有尊严的、屈辱的生活。

我没有敢说话，绣绣随着也就忘掉了那不愉快的方面，抬起头来告诉我，她爹家里有个大洋狗非常好，“爹爹叫它坐下，它就坐下。”还有一架洋钟，绣绣也不能够忘掉“钟上面有个门”，绣绣眼里亮起来，“到了钟点，门会打开，里面跳出一只鸟来，几点钟便叫了几次。”“那是——那是爹爹买给姨娘的。”绣绣又偷偷告诉了我。

“我还记得有一次我爹爹抱过我呢，”绣绣说，她常同我讲点过去的事情，“那时候，我还顶小，很不懂事，就闹着要下地，我想那次我爹一定很不高兴的！”绣绣追悔般感到自己的不好，惋惜着曾经领略过又失落了的一点点父亲的爱。“那时候，你太小了当然不懂事。”我安慰着她。“可是……那一次我到爹家里去时，又弄得他不高兴呢！”绣绣心里为了这桩事，大概已不止一次地追想难过着，“那天我要走的时候，”她重新说下去，“爹爹翻开抽屉问姨娘有什么好玩意儿给我玩，我看姨娘没有答应，怕她不高兴，便说："我什么都不要。"爹听见就很生气地把抽屉关上，说："不要就算了！"——这里绣绣本来清脆的声音显然有点哑，"等我再想说话，爹已经起来把给妈的钱交给我，还说，你告诉她，有病就去医，自己乱吃药，明日吃死了我不管！"这次绣绣伤心地向我诉说着委屈，轻轻抽噎着哭，一直坐在我们后院子门槛上玩，到天黑了才慢慢底踱回家去，背影消失在张家灰暗的楼下。

读着这些文字，我们分明可以看见林徽因和何雪媛的生活——寄人篱下，低眉顺眼，谨小慎微。幼小的孩子就要看着他人的脸色生活，从来都不敢越雷池一步。

林徽因很早就知道，父亲不喜欢母亲，甚至厌烦她，两个人经常是无穷无尽地争吵，以至于冷战。失去丈夫宠爱的母亲很痛苦，经常背着人偷偷地哭。在绣绣妈的身上，我们看到了何雪媛的无奈，所以林徽因"爱父亲，却恨他对自己母亲的无情；她爱自己的母亲，却又恨她不争气；她以长姊真挚的感情，爱着几个异母的弟妹，然而，那个半封建家庭中扭曲了的人际关系却在精神上深深地伤害过她"。以至于她很少提及童年的生活，相比林徽因日后的辉煌和荣耀，她的童年无疑是一段阴暗灰色的时光，她把那段生活彻底地尘封在记忆中，不再提起。

林徽因的早熟有很多原因，除了天生聪明之外，还有母亲在家中几乎被遗忘的地位给她的心理造成的阴影。虽然她深得父亲及长辈的宠爱，但每次回到冷落的后院，面对母亲阴沉不满、怨恨愤怒的神情，她不得不过早地体会到世态的炎凉。母亲急躁的性格也遗传给了林徽因，于是，有段时间，母女俩吵架成了常态，林徽因吵架的基因，更多还是来自母亲。

聪慧的林徽因，有着出色的语言天分，有人说她吵起架来也分人，跟梁思成用英语吵，跟保姆用普通话吵，跟母亲何雪媛则用福州方言吵，在她的作品里，林徽因提及过吵架：

夫妇两人接着都有许多驳难的话；大奶奶怨着丈夫遗弃，克扣她钱，不顾旧情，另有所恋，不管她同孩子两人的生活，在外同那女人浪费。大爷说他妻子，不识大体，不会做人，他没有法子改良她，他只好提另再娶能温顺着他的女人另外过活，坚不承认有何虐待大奶奶处。提到地契，两人各据理由争执，一个说是那一点该是她老年过活的凭借，一个说是祖传家产不能由她做主分配。相持到吃中饭时分，大爷的态度愈变愈强硬，大奶奶却喘成一团，由疯狂的哭闹，变成无可奈何的啜泣。别人已渐渐退出。

终于在那年的冬天，绣绣的迷惑终止在一个初落雪的清早里。张家楼房背后那一道河水，冻着薄薄的冰，到了中午阳光隔着层层的雾惨白地射在上面，绣绣已不用再缩着脖颈，顺着那条路，迎着冷风到那里去了！无意的她却把她的迷惑留在我心里，飘忽于张家楼前同小店中间直到今日。

人们常说，小说中可以看见作家的影子，此话不假。虽然小说是虚构的，但它是林徽因童年生活的缩影，成年后她说过："年幼时的那些伤害，对我是永久性的，一旦勾起往事，就会让我跌进过去的不幸之中。"

林徽因以一篇小说《绣绣》，隐晦地表达自己这种少女的悲伤。她写绣绣母女被父亲遗弃乃至憎恶的事，来表示父亲有可恨之处，而母亲有可怜之处，更有可厌之处。这种创伤影响了她的一生，费慰梅曾经说过："她的早熟使家中的亲戚把她当成一个成人而因此骗走了她的童年。"

但林徽因的童年生活还有光明的一面，她的父亲林长民虽然不喜欢何雪媛，但却非常喜欢聪明乖巧的林徽因。她是家族众姐妹中最聪明的孩子，也是最漂亮的孩子。也许正因为母亲不能得到父亲的爱，所以林徽因才要加倍努力，做父亲的好女儿，去争取父亲更多的爱和关注。她很小的时候，就开始负责全家和在外留学的父亲的通信。

父亲很器重她，把她当作男孩一样平等地看待，是她成长道路上的引路人。在她12岁的时候，林长民把林徽因送进了英国教会办的培华女子中学就读，一起去的还有她的几个表姐。培华女中是教会办的贵族学校，教风谨严而得法，聪明的林徽因接受了良好培育；这里是全英语授课，老师都是外籍的。置身于这样的教育环境，林徽因不但接触到了西方文化，学会一口非常流利的英语，还萌生了自己的文化意识。学校规定很严格，学生平时住校，只有周末才能回家。

培华女子中学的英国贵族式的教育，培养了学生良好的举止和谈吐。在这里，她美丽的容貌和优异的成绩，使她很快就成了学校明星般的人物，也使她更得父亲林长民的喜爱。林徽因稍大后，林长民把她视同知己，对她非常信任，有什么事总是同她商量。林徽因的二娘虽然生了几个儿子，但她也承认，林徽因依然是父亲最钟爱的孩子。

14岁的时候，林徽因已经长成了端庄的少女，她留着长长的辫子，眼睛乌黑发亮，顾盼生辉，虽然身上穿着朴素的衣裙，却遮挡不住她的美丽。

天生丽质的林徽因，成了父亲的掌上明珠。林长民开始考虑她的终身大事了，他希望自己寄予厚望的女儿，能够找到各方面条件均为上乘的女婿，有个美满的姻缘。

他首先想到了梁启超，想起了他的长子梁思成。

林长民和梁启超是世交，他们都是声名显赫的政界名流，又都是儒雅的文人名士，他们因意趣相投而结下了深厚情谊。1917年的时候，他们曾经在段祺瑞政府担任要职，林长民是司法部部长，梁启超是财政部部长。梁启超对两家结成秦晋之好也深表赞同。

梁启超对长子同样是寄予厚望：不仅希望梁思成成为学富五车的学者，成为国家的栋梁之材，还希望他有个美满的家庭，有个贤内助。在他眼里，林徽因是最理想的人选。

1918年，林长民从日本回国，两家老人安排了林徽因和梁思成见面认识。双方家长都是很开明的，很尊重孩子的选择，并没有言明要包办婚姻，而是想介绍两个儿女认识，叫他们见个面，希望他们可以自由地培养感情，最好是水到渠成地成就一段美满的姻缘。

初遇是一场美丽的梦，和美丽的诗一样，都是可遇而不可求的，常常在最没料想到的时刻出现，在最没料想到的时刻消失。缘分是稍纵即逝的，有人努力追寻，想抓住它，但缘分就像一缕轻烟、一场淡淡的清风，随着微风吹过，它便随风逝去，再无踪迹。太过执着了，便会迷失自己，空惹一世的忧伤。

要知道，凡事都有定数，不能强求。但该来的自然会来，属于你的缘分会在某个奇妙的时候出现。

那一年，林徽因14岁，

那一年，梁思成17岁。

梁再冰写过两人当年见面的场景："父亲大约十七岁时，有一天，祖父要父亲到他的老朋友林长民家里去见见他的女儿林徽因（当时名林徽音）。父亲明白祖父的用意，虽然他还很年轻，并不急于谈恋爱，但他仍从南长街的梁家来到景山附近的林家。在'林叔'的书房里，父亲暗自猜想，按照当时的时尚，这位林小姐的打扮大概是：绸缎衫裤，梳一条油光光的大辫子。不知怎的，他感到有些不自在。”

两人之间的第一次见面叫梁思成永生难忘：门开了，有个像清泉般澄澈，像鲜花般娇艳的仙女轻盈地走进房来，“父亲看到的是一个亭亭玉立却仍带稚气的小姑娘，梳两条小辫，双眸清亮有神采，五官精致有雕琢之美，左颊有笑靥；浅色半袖短衫罩在长仅及膝下的黑色绸裙上；她翩然转身告辞时，飘逸如一个小仙子，给父亲留下了极深刻的印象”。

这是梁思成平生见过最美丽高贵的女孩子，她就是年仅14岁的林徽因。明眸皓齿，笑靥如花，神采焕发，一举一动都飘逸得如同仙子。她浑身上下散发着一种说不出的魅力，像个美丽的精灵。哪个少年不钟情，哪个少女不怀春。不用说，梁思成对林徽因一见钟情，他对林徽因不仅是情爱，还有欣赏、珍爱。从此，林徽因便走入了他的心里。

这样的相遇有些像妙手偶得的彩排，不是相亲，却胜似相亲，不知道他们是否想过，对方就是自己的另外一半，将要携手走过一生。

也许他们想过，但很快就被别的事所打扰，或者，他们什么也没有想过，因为那时，他们还年少，未来的一切都是未知的。

（三）康桥上的绝世恋情

在林徽因最寂寞的时候，她希望有人来爱她。

这个人终于出现了，他是林徽因的初恋，

也是她一生最重要的人——徐志摩，

一个英俊儒雅的天才诗人。

1920年，父亲林长民以“国际联盟中国协会”成员的身份被政府派赴欧洲访问考察。他说：“吾人赴外国，复宜切实考察。若预料中国将来必害与欧洲同样之病，与其毒深然后暴发，不如种痘，促其早日发现，以便医治。鄙人亦愿前往欧洲，以从诸君之后，改造中国。”

这是一次为时一年半的长旅，林长民决定带女儿一同前往。这次远行，林长民有意要引领爱女扩大胸怀、开阔视野，为此，林长民给林徽因写了一封信。

他给女儿的信中写道：“我此次远游携汝同行。第一要汝多观察诸国事物增长见识。第二要汝近我身边能领悟我的胸次怀抱……第三要汝暂时离去家庭烦琐生活，俾得扩大眼光，养成将来改良社会的见解与能力。”多么远大的抱负和志向，多么前瞻的计划和设想。

林长民具有良好的中西文化教育背景，曾两度留学日本，专攻政法。他读过万卷书，也行了万里路，他的见识比那个时代的人高出很多，非常重视子女的教育。林家的教育理念也非常开明，对女孩子和男孩子一样看待，林徽因的祖母和几个姑姑都是才女。在女子无才便是德的时代，林长民对林徽因寄予了很大的希望，期待她做出不凡的事业。

聪明的林徽因具有超凡的艺术天赋，诗文、音乐、绘画、戏剧，样样喜爱，天资聪颖气自芳华，深得父亲宠爱，林长民看出林徽因是颗“稀世宝石”，只要精心打磨，定然能放出耀眼的光彩。果然，林徽因的欧洲之行，使她决定了今后人生的方向，并影响到了梁思成未来的人生道路。

林长民为了培养林徽因可谓花费了大量的时间和心血，不但送她去最好的学校，还领着她出国开阔视野。他曾自豪地宣称：“论中西文学及品貌，当世女子舍其女莫属。”林徽因日后所取得的一切成就和父亲超前的教育方法以及开明的态度，有很大的关系。父亲的悉心培养，让她终身受益无穷。

正是由于这个见过世面、接受过西方良好教育、主张男女平等的优秀父亲给她提供了最好的教育机会，林徽因才有实力在事业上与男子一争高下，巾帼不让须眉，叫人敬仰。

幸运的林徽因有着比同时代女性更高的起点、更广阔的见识、更渊博的知识，也有终身为之奋斗的事业，最终有所成就。由此可见，父亲的眼界一定程度上决定了子女可达到的高度，林徽因之所以出色，最终还是得益于父亲开阔的眼界。

说起林徽因，人们总会联想起另外一个才女——陆小曼，她的资质才华极高。在早年就显示出了各种天赋，无论是绘画，还是社交，在当时都堪称一流。遗憾的是，她的父母给她设计的人生目标就是找个前途远大的丈夫，从此安守妇道，相夫教子，夫唱妇随。

如果陆小曼的父亲也带着她在海外游历一番，给她定下宏大的目标，让她接受最好的教育，以她聪明的天资，她肯定会有一番成就，就像徐志摩说的那样："你不知道我怎样深刻地期望你勇猛的上进，怎样的相信你确有能力发展潜在的天赋，怎样的私下祷祝有哪一天叫这浅薄的恶俗的势利的'一般人'开着眼惊讶，闭着眼惭愧。"

遗憾的是，陆小曼的父亲对她是另外一种期待，他把女儿获得幸福的宝押到别人的身上，却没有意识到，女人要获得幸福，应该靠个人的能力，争取经济上的独立。虽然具有独立意识的陆小曼敢于为了爱情挣脱枷锁，最终却无法在经济上独立，还是需要依靠男人的供养，她的人生便因此多了不少艰辛和磨难。自小在富贵人家长大的陆小曼，年轻的时候并不知道，如果经济不独立，再浓烈的爱情，也会逐渐变淡。

而林徽因却很幸运，16岁的她有机会和父亲同游欧洲。那个时候的林徽因正是花季少女，有着良好的文学素养，接受过教会学校的西方文化教育，聪明能干的林徽因完全担当起了做父亲的"随身翻译和秘书”的重任。

“海阔凭鱼跃，天高任鸟飞。”心怀少女美梦的林徽因期待着新生活的早日到来，她的心里无数次憧憬着未来：那将是什么样的生活？会有什么样的经历？会不会发生什么美丽的故事？

旅行开始了，林徽因坐在邮船上，年轻的她好奇地看着周围的景色。烟波浩渺的海洋上，大海和天空连成一片，人在天地之间是如此的渺小，年轻的她第一次感受到了世界的宽广。开阔的不只是自然景色，还有她的胸襟，她发现原来世界是如此美丽。

万吨客轮在行驶了两个多月后，终于到达了法国。父女又转道去了英国伦敦，林徽因随父亲漫游了整个欧洲大陆。瑞士的湖光山色、比利时的钻石和动物园、法国的灿烂文化以及德国的战火遗迹，都让她感到惊奇。父女俩游历了法国、意大利、瑞士、德国、比利时的一些城市，各地的自然风物、民族风情极大地开阔了她的视野；这些古老的欧洲城市，像是一幅画，散发着高贵而迷人的气息。

林长民对林徽因寄予厚望，对她不遗余力地培养，他不想因为游历而耽误林徽因的学业。于是，在伦敦的时候，林长民花费重金，专门为林徽因请了英语老师和钢琴老师。

林徽因的英语老师叫作斐理璞，为人朴实忠厚，斐理璞母女一起住在林长民的家里，他们很快就成了林徽因的好朋友。在那一年的8月下旬，林徽因考入爱丁堡的一所名为St.Mary College的学校。校长是个七十来岁的单身女人，性格非常热情开朗，为人正直。

在这所学校读书时，林徽因结识了很多英国同学。异国校园的生活与环境的影响，使她的英语愈加娴熟纯正，为她之后赴美留学打下了坚实的基础。

林长民是个喜欢交际的人，他将很多时间用在应酬上，家中经常有同胞和外国友人来访。此时，林徽因自然担起了女主人的职责，这是林徽因社会交际的开始：她每天都会接待很多前来拜会父亲的客人，她与生俱来的大家闺秀气质和优雅的举止都给来客留下了深刻的印象。

通过父亲，她结识了一批中外精英：著名史学家威尔斯、小说家T.哈代、美女作家K.曼斯菲尔德、新派文学理论家福斯特，以及旅居欧洲的张奚若、陈西滢、金岳霖、吴经熊、张君劢。

但大多数时候，林徽因是寂寞的。这是她第一次远离故土，虽然是与父亲一起出来的，但父亲又经常前往各地演讲、开会，留着她一个人孤独地待在家里。而英国又是阴雨不断，在这样的环境中，她常常感觉到孤单和无所适从。那个时候，她才十六七岁，这是个极为敏感、细腻的年纪。后来她经常回忆那时候的情景："我独自坐在一间顶大的书房里看雨，那是英国的不断的雨。我爸爸到瑞士国联开会去，我能在楼上嗅到顶下层楼下厨房里炸牛腰子同洋咸肉，到晚上又是在顶大的饭厅（点一盏顶暗的灯）独自坐着（垂着两条不着地的腿同刚刚垂肩的发辫），一个人吃饭一面咬着手指头哭——闷到实在不能不哭！理想的我老希望着生活有点浪漫的发生，或是有个人叩下门走进来坐在我对面同我谈话，或是同我同坐在楼上炉边给我讲故事，最要紧的还是有个人要来爱我。我做着所有女孩做的梦。而实际上却只是天天落雨又落雨，我从不认识一个男朋友，从没有一个浪漫聪明的人走来同我玩——实际生活上所认识的人从没有一个像我所想象的浪漫人物，却还加上一大堆人事上的纠纷。”

在林徽因最寂寞的时候，她希望有人来爱她。这个人终于出现了，他是林徽因的初恋，也是她一生最重要的人——徐志摩，一个英俊儒雅的天才诗人。

徐志摩，1897年1月15日出生在浙江省海宁市硖石镇一个富有家庭中，他是独子，从小生活舒适优裕。“志摩”是在1918年他去美国留学时，父亲给他另取的名字。

徐志摩父亲给他取这个名字是有来历的，徐志摩小时候，有个名叫志恢的和尚，替他摩过顶，并预言“此人将来必成大器”。徐志摩的父亲望子成龙心切，于是就给他改名了。1918年8月14日，徐志摩怀着“善用其所学，以利导我国家”的爱国热情，离开北大，从上海启程赴美国留学。1920年，徐志摩在哥伦比亚大学取得政治学硕士学位后，从美国渡海来到伦敦，入剑桥大学学习。在留学期间，他结识了林长民和他的女儿林徽因，他和林徽因的爱情故事便由此开始了。

那一天我初次望到你，你闪亮得如同一颗星，我只是人丛中的一点……

他们的初遇，是在多雨而又富有诗意的伦敦，他们就像天空中最亮的两颗星星，经历了遥远的旅行，终于在无意之间相遇了，在相遇的瞬间，这两颗星星发出了最璀璨的光彩，照亮了周围的星空。

很多年后，徐志摩说他俩初遇的日子，像春风吹着春花。花对风说：我要，风不回话：给他！

自从相遇的那天起，徐志摩爱情的美梦里就装满了林徽因笑颜上的酒窝，他一直忘不了初次相遇的美好，即使他们两人距离遥远，他还是忘不了她的盈盈笑靥。后来，徐志摩的诗里总是会出现可爱的酒窝：

可爱的梨涡，

解释了处女的梦境的欢喜，

像一颗露珠，

颤动的，在荷盘中闪耀着晨曦！

——《她是睡着了》

还有那个你看不见，

虽则不提有多么艳！

她也有她醉涡的笑，

还有转动时的灵妙；

——《两个月亮》

林徽因成了从徐志摩的诗歌里走出来的女子。从他们相遇开始，她就成为诗人诗歌创作永恒的素材，成了他梦想的寄托，成了被诗人无数次理想化和诗化的女子，一个脱离了现实只存在于梦幻之中的女子，她所有的一切都是那样的美好。

诗人因得不到而辗转反侧，心想之，梦望之。林徽因的理性让她游刃有余地把握着分寸，让自己永远存在于诗人的梦中。

这是基于理性的智慧，是一个女人对于理想和现实的选择。幸运的是，林徽因没有被感情和激情所绑架，没有为情所困，而是听从了理智的选择，最终找到了圆满的归宿。

那时的林徽因和徐志摩，就像天空中运行的两颗行星，有着不同的运行轨迹：一个是豆蔻年华，陪着父亲来到伦敦考察；一个是拖家带口，来到伦敦求学。

在相遇之前，他们都在异国漂泊着，孤独、寂寞、情无所依，而他们又都是情感丰富、内心敏感的人。偶然的机会，这两颗明亮的星星，在广阔无际的星空中短暂相遇了，此时，深邃无垠的天际闪耀着美丽璀璨的光亮。这种光彩是如此的耀眼，点燃了他们今后的人生，因为这种奇异的光彩，无论是阳光明媚的日子，还是阴暗的日子，都变得多姿多彩，富有诗意。

那段记忆是永恒的，永远不会随着时光的流逝而褪色，那份感情也不会随着岁月而变淡。无论是否承认，他们之间的牵挂一直都有，徐志摩的爱从来未曾改变。许多年后，斯人已逝，真情依旧长留人间。

他们之间的第一次见面就像徐志摩的诗："我是天空里的一片云，偶尔投影在你的波心——""你我相逢在黑夜的海上，你有你的，我有我的，方向"，但多情的徐志摩却永远做不到像他诗歌里说的那样洒脱，"你记得也好，最好你忘掉，在这交会时互放的光亮"。

他深深地陷入了爱情之中，陷入了一段充满幸福和痛苦、在绝望和希望中交替挣扎的感情。

这种感情如此强烈，以至于天才诗人一辈子也不曾忘掉林徽因，她美丽的影子永远留在了徐志摩的心里，变成他生命的一部分。

一切都开始于1920年的11月16日。

那是个伦敦最常见的雾蒙蒙的天气，在伦敦经济学院留学的江苏学生陈通伯，把一个英俊的青年带到了林徽因父女的家中。这个英俊的青年就是正在经济学院读博士的徐志摩，当时林徽因并没有想到，这个诗人会走进自己的生活。

第一次见面，徐志摩便跟林徽因的父亲林长民相见恨晚，两人很快就成了忘年之交。徐志摩欣赏林长民清奇的谈吐，而林长民也很欣赏徐志摩的才情，两个人互为知己。

就在那天，徐志摩第一次见到了16岁的林徽因。

这个从烟雨迷蒙的江南水乡走出来的小姑娘，已经出落成了一个风姿绰约的美丽少女。当林徽因出现在徐志摩面前的时候，他的眼前一亮，只不过那个时候，他们还没有意识到，爱情在不知不觉中向他们走来。两情相悦总是愉快的，相恋更是难忘的。

多年以后，徐志摩在《爱的灵感》中谈到了他们的初次相遇，那么美好，点燃了他心中潜伏已久的情愫。

那一天我初次望到你，
你闪亮得如同一颗星，
我只是人丛中的一点，
一撮沙土，但一望到你，
我就感到异样的震动，
猛袭到我生命的全部，
真像是风中的一朵花，
我内心摇晃得像昏晕，
脸上感到一阵的火烧，
我觉得幸福，
一道神异的光亮在我的眼前扫过，
我又觉得悲哀，我想哭，
纷乱占据了我的灵府。
但我当时一点不明白，

不知这就是陷入了爱！
“陷入了爱”，真是的！前缘，
孽债，不知到底是什么？
但从此我再没有平安，
是中了毒，是受了催眠，
教命运的铁链给锁住，
我再不能踌躇：我爱你！
从此起，我的一瓣瓣的
思想都染着你，在醒时，
在梦里，想躲也躲不去，
我抬头望，蓝天里有你，
我开口唱，悠扬里有你，
我要遗忘，我向远处跑，
另走一道，又碰到了你！
枉然是理智的殷勤，因为
我不是盲目，我只是痴。
但我爱你，我不是自私。
爱你，但永不能接近你。
爱你，但从不要享受你。
即使你来到我的身边，
我许向你望，但你不能
丝毫觉察到我的秘密。

我不妒忌，不艳羡，因为
我知道你永远是我的，
它不能脱离我正如我
不能躲避你，别人的爱
我不知道，也无须知晓，
我的是我自己的造作，
正如那林叶在无形中
收取早晚的霞光，我也
在无形中收取了你的。
我可以，我是准备，到死
不露一句，因为我不必。

随着时间的推移，徐志摩拜访次数越来越多，但他拜访的目的，更多是为了见到林徽因，他陷入了热恋之中。徐志摩是个视爱情为生命的浪漫诗人，他曾经说道："我将于茫茫人海中访我唯一灵魂之伴侣，得之，我幸；不得，我命。"

有人说徐志摩是个风流才子，他有很多的女性朋友，结识了当时最有才华的女性。但遇见了林徽因后，他的心就不再流浪，因为林徽因真正地走进他的内心，成为他终生的灵魂伴侣。

康桥时期是徐志摩一生的转折点。他曾说过，在24岁以前，他对于诗的兴味远不如对于相对论或民约论的兴味。正是康河的水，还有康桥边上的林徽因，开启了他的心灵，唤醒了深藏于心中的诗人的天命。徐志摩受到感情的驱使，开始作诗了，他的诗歌唯美动人，爱情色彩浓厚。在他的笔下，爱情是如此的炙热，如此的美好浪漫，就连康桥也充满了柔情似水般的甜蜜色彩。自从他们相遇，文坛上横空出现了一个伟大的诗人。

因此他后来曾满怀深情地说："我的眼是康桥教我睁的，我的求知欲是康桥给我拨动的，我的自我的意识是康桥给我胚胎的。"徐志摩说："整十年前我吹了一阵奇异的风，也许照着了什么奇异的月色，从此我的思想就倾向于分行的抒写，一份深刻的忧郁占定了我，这忧郁，我信竟于渐渐地潜化了我的气质。"

林徽因也曾回应过："他为了一种特异的境遇，一时特异的感动，从此在生命途中冒险，从此抛弃所有的旧业，只是尝试写几行新诗……这些，还有许多，都不是我们寻常能够轻易了解的神秘。"

在《究竟怎么一回事》中林徽因提到："我们仅听到写诗人自己说一阵奇异的风吹过，或是一片澄清的月色，一个惊讶，一次心灵的震荡，便开始他写诗的尝试，迷于意境文字音乐的搏斗，但是究竟这奇异的风和月，心灵的震荡或惊讶是什么？是不是仍为那可以追踪到内心直觉的活动；到潜意识后面那错综交流的情感与意象；那意识上理智的感念思想；以及要求表现的本能冲动？灵异的风和月所指的当是外界的一种偶然现象，同时却也是指它们是内心活动的一种引火线。"

不知道是林徽因成就了徐志摩的诗，还是徐志摩成就了林徽因的美，从此她就是徐志摩诗中美丽的影子。在徐志摩诗歌中，她是梦想的寄托，是诗人心目中爱与美的化身，是他无数次理想化的梦幻女子。在徐志摩诗中，她获得了永恒。人们读了徐志摩的诗，认识了这个时期喜欢读书、做着爱情美梦的少女林徽因。其实，这只不过是林徽因人生的一个序幕，她最精彩的部分还没有开始。

徐志摩说："但我要没有过过康桥的日子，我就不会有这样的自信的，我这一辈子就只那一春，说也可怜，算是不曾虚度。就只那一春，我的生活是自然的，是真愉快的！（**虽则碰巧那也是我最感受人生痛苦的时期。**）我那时有的是闲暇，有的是自由，有的是绝对单独的机会。说也奇怪，竟像是第一次，我辨认了星月的光明，草的青，花的香，流水的殷勤。我能忘记那初春的睥睨吗？曾经有多少个清晨我独自冒着冷去薄霜铺地的林子里闲步——为听鸟语，为盼朝阳，为寻泥土里渐次苏醒的花草，为体会最微细最神妙的春信。啊，那是新来的画眉在那边凋不尽的青枝上试它的新声！啊，这是第一朵小雪球花挣出了半冻的地面！啊，这不是新来的潮润沾上了寂寞的柳条？"

他沉醉在康桥的晚春景色里，沉醉在对爱情的迷恋里。因为与林徽因的相识相恋，徐志摩开始了他的诗歌创作，从此文坛上多了一颗耀眼的新星。

（四）相见时难别亦难

徐志摩用诗歌和故事温暖她、呵护她，

在徐志摩浪漫爱情的滋养下，

林徽因像朵含苞待放的花儿，渐渐地绽放了。

那一年，人面桃花相映红，

那一朵朵鲜花，迎风轻轻地摆动，

叫人有无限的遐想。

从那以后，林家多了一个客人徐志摩。随着与林长民深入交往，他和林徽因的感情开始升温。徐志摩热情奔放的性情，还有他如同孩子般天真的执着，深深地打动了林徽因。她觉得世界不再空虚和寂寞了，周围的一切都变得有生气，她从来没有这么开心过。

由于徐志摩的到来，林徽因感到一切都变得如此不同，伦敦不再阴雨连绵，而是充满了和煦的阳光。风雅俊秀、才华横溢的徐志摩走进了林徽因心中，两颗炽热的心越靠越近，终于沉醉了。

徐志摩来到林家，跟忘年老友林长民对坐畅谈时，也和那个天分极高的少女林徽因倾心长谈。徐志摩心中充满了喜悦，他的灵魂也在飞升，飞升到一种纯净而惬意的境界。

徐志摩的心中再也挥不去那清纯美丽的身影。徐志摩真的恋爱了，他爱得真挚、痴迷、忘我。徐志摩发现，梳着两条垂到肩膀的细细辫子的林徽因，从外表看像个不谙世事的中学生，竟然是个可以对话的朋友。

林徽因读过很多书，还有很多独到的见解，她能用英语背诵拜伦、雪莱、济慈等诗人的诗歌，她的英语是地道的牛津音，发音吐字非常清晰，叫人赞叹。他们在伦敦古老的街道上和剑桥皇家学院校园的小径上，谈论诗歌，谈论艺术，谈论人生。他们的快乐，他们的期待，散播在了英伦的土地上，留在了那座美丽的康桥之上。

浪漫多情的天才诗人徐志摩渐渐地走进了林徽因的生活，他在林家，给寂寞的林徽因讲《涡堤孩》的故事。故事中有他的影子，徐志摩笔下的这个故事，被赋予了中国色彩，讲的是生来没有灵魂的涡堤孩经历爱情婚姻的磨难后获得了不朽的灵魂。

有人说《涡堤孩》是徐志摩对林徽因隐秘的爱情表白——你若不离不弃，我必生死相依。

这是个美丽而又忧伤的故事，古灵精怪的小水妖涡堤孩，只有与人类结婚才能获得永恒不朽的灵魂。它经历了一段忠贞不渝、生死与共的爱情故事，最终却为情所困，化身为泉水环绕在爱人坟边，后来，徐志摩翻译了一首《涡堤孩新婚歌》的诗：

小溪儿碧冷冷，笑盈盈讲新闻，
青草地里打滚，不负半点儿责任。
砂块儿疏松，石砾儿轻灵，
小溪儿一跳一跳的向前飞行，
流到了河，暖溶溶的流波，
闪亮的银波，阳光里微酡，
小溪儿笑呷呷的跳入了河，
闹嚷嚷的合唱一曲新婚歌，
“开门，水晶的龙宫，
涡堤孩已经成功，
她嫁了一个美丽的丈夫，
取得了她的灵魂整个。”

都说童话的结局是幸福的，但童话却没有给小水妖好结局，于是，徐志摩就用诗歌给小水妖编了一个圆满的结局。只不过在那个时候，林徽因与梁思成已经双双赴美留学了，他们比翼齐飞，即将走进婚姻的殿堂。

遗憾的是那个新郎不是徐志摩，而是另外一个人。虽然心碎不已，但徐志摩依旧把最深的祝福送给他们，祝他们新婚快乐，一生幸福。只要心目中的她遇见了更好的人，含着泪水也要真诚地祝福，这就是最真的爱。

就像普希金那首《我曾经爱过你》说的那样：

我曾经爱过你，

爱情，也许在我的心灵里，

还没有完全消亡，

但愿它不会再去打扰你，

我也不想再让你难过悲伤。

我曾经默默无语地，

毫无指望的爱过你，

我既忍受着羞怯，

又忍受着嫉妒的折磨，

我曾经那样真诚，

那样温柔的爱过你，

但愿上帝保佑你，

另一个人也会像我一样的爱你。

林徽因是个乖巧懂事的孩子，父亲去欧洲时，唯一带在身边的孩子就是林徽因。林徽因跟徐志摩说父亲是她唯一的知己，而林长民也跟徐志摩说女儿是他唯一的知己，他说："做一个有天才的女儿的父亲，不是容易享的福，你得放低你天伦的辈分先求做到友谊的了解。"

随着交往的深入，徐志摩被林徽因深深地吸引了，她的美丽，她的气质，她的谈吐，她的修养，她的知识……她的一切，都使徐志摩着迷。他自己也说不清楚，怎么会在感情上如此迷恋林徽因。徐志摩很喜欢和林徽因沟通，因为林徽因使他释放了他内心的激情，触发了他写诗的灵感和火花。在频繁地接触之中，徐志摩便为林徽因倾倒了。他觉得找到了梦想中的伴侣，进而陷入了狂热的恋爱之中，徐志摩的爱是炽烈的，就像一团火，温暖着林徽因。

徐志摩用诗歌和故事温暖她、呵护她，在徐志摩浪漫爱情的滋养下，林徽因像朵含苞待放的花儿，渐渐地绽放了。那一年，人面桃花相映红，那一朵朵鲜花，迎风轻轻地摆动，叫人有无限的遐想。

哪个男子不钟情，哪个少女不怀春。16岁的林徽因，和所有正值妙龄的女孩子一样，做着爱情的美梦，就如同那首歌里所描述的一般：在哪里见过你，好像花儿开在春风里……她的爱情亦像是花儿，开在最美的春天，开在了那姹紫嫣红的春天。

遇见徐志摩后，林徽因的心就如同那一树树的桃花，在微风中，留下多情的痕迹。像花、像梦、像诗歌，闪耀着朝阳的光芒，晶莹透亮。徐志摩就像一阵春风，吹醒了林徽因沉睡多时的才情，风过之处，星子在无意中闪烁，细雨点洒在花前，她就像梦中那朵最美的白莲，静静绽放，发出阵阵幽香。

徐志摩美妙多情的诗歌，拨动了林徽因的心灵，她用轻灵的妙笔写下了心中的诗：

是你，是花，是梦，打这儿过，

此刻像风在摇动着我；

告诉日子重叠盘盘的山窝；

清泉潺潺流动转狂放的河；

孤僻林里闲开着鲜妍花，

细香常伴着圆月静天里挂；

且有神仙纷纭的浮出紫烟，

衫裾飘忽映影在山溪前；

给人的理想和理想上铺香花，

叫人心和心合着唱；

直到灵魂舒展成条银河，

长长流在天上一千首歌；

……

林徽因说：“这感悟情趣的闪动——灵感的脚步——来得轻时，好比潺潺清水婉转流畅，自然的洗涤，浸润一切事物情感，倒影映月，梦残歌罢，美感的旋起一种超实际的权衡轻重，可抒成慷慨缠绵千行的长歌，可留下如幽咽微叹般的三两句诗词。愉悦的心声，轻灵的心画，常如啼鸟落花，轻风满月，夹杂着情绪的缤纷；泪痕巧笑，奔放轻盈，若有意若无意的遗留在各种言语文字上。”

浪漫的诗人，遇见了林徽因，并爱上了她。因为爱情，他成为一个诗人；因为爱情，他变得痴迷；因为爱情，他忘记了一切；因为爱情，他写出了世间最美的情诗，他要向全世界大声宣布：“我有一个恋爱。”

我有一个恋爱——
我爱天上的明星；
我爱它们的晶莹：
人间没有这异样的神明。

在冷峭的暮冬的黄昏，
在寂寞的灰色的清晨。
在海上，在风雨后的山顶——
永远有一颗，万颗的明星！

山涧边小草花的知心，
高楼上小孩童的欢欣，
旅行人的灯亮与南针——
万万里外闪烁的精灵！

我有一个破碎的魂灵，
像一堆破碎的水晶，
散布在荒野的枯草里——
饱啜你一瞬瞬的殷勤。

人生的冰激与柔情，

我也曾尝味，我也曾容忍；

有时阶砌下蟋蟀的秋吟，

引起我心伤，逼迫我泪零。

我袒露我的坦白的胸襟，

献爱与一天的明星：

任凭人生是幻是真，

地球存在或是消泯——

大空中永远有不昧的明星！

爱情如山洪暴发，势不可挡，汹涌而下，一泻千里，诗人再也无法阻挡内心的激情；爱情就像一团火，在热烈地燃烧着，诗人多么期待获得这样永恒的爱。

如果有一天我获得了你的爱，那么我飘零的生命就有了归宿，只有爱才能让我匆匆行进的脚步停下，让我在你的身边停留一小会儿吧，你知道忧伤正像锯子锯着我的灵魂。

也许，从现在开始，爱、自由、美将会成为我终其一生的追求，但我以为，爱还是人生第一件伟大的事业，生命中没有爱的自由，也就不会有其他别的自由了。

当我的心为一个人燃烧的时候，我便是这天底下最幸运又是最苦痛的人了，你给予我从未经历过的一切，让我知道生命真是上帝了不起的杰作。

面对这位比她年长的已婚男子向她表达的爱慕之情，林徽因被这份热情灼伤，她无所适从了。对情窦初开的少女来说，这种火一般的爱恋让林徽因感到激动、幸福而又困惑。但徐志摩却不顾一切，为了爱，徐志摩可以放弃全世界，他说："我那时是绝无依傍，也不知顾虑，心头有什么郁积，就付托腕底胡乱给爬梳了去，救命似的迫切，哪还顾得了什么美丑！"

为了爱，他真的什么也不在乎了，他冒着天下之大不韪，做出一件叫人吃惊的事——和结发妻子张幼仪离婚，甚至不管此时张幼仪还怀着自己的孩子。

张幼仪，名嘉玢。1900年出生，原籍江苏宝山，世居真如，后来迁移到嘉定。祖父是清朝的知县，父亲张润之，名祖泽，是当时上海宝山县巨富。张祖泽生有八个儿子四个女儿，张幼仪排行第八，为家里的次女。

徐志摩的婚姻是由父母包办的，张幼仪15岁就嫁给了徐志摩，那时候，她还是一个不谙世事的女学生。如果不是这么早结婚，张幼仪也会做出一番事业，因为她的求知欲非常强，人又聪明。

嫁到徐家，她深得徐家二老的欢心，操持家务，打点各种关系，非常能干，是徐家的好帮手，又给徐家生了孙子，续了香火。

所以，徐家二老对她非常满意，家里的大小事项都找她商量。

然而，徐志摩的心却从来没有放在她的身上过。当张幼仪来到沙士顿的时候，她发现徐志摩对她极为冷漠，当张幼仪将怀孕的事告诉他时，徐志摩要求她立即把孩子打掉，而且在没有对张幼仪的生活做任何安排的情况下，便离家出走，把她一个人丢在了沙士顿。

当张幼仪知道林徽因的存在后，她说："徐志摩的女朋友是另一位思想更复杂、长相更漂亮、双脚完全自由的女士。"

徐志摩给张幼仪写了一封信："真生命必自奋斗自求得来……彼此有改良社会之心，彼此有造福人类之心，其先自作榜样，勇决智断，彼此尊重人格，自由离婚，止绝苦痛，始兆幸福，皆在此矣。"

徐志摩的叛逆举动遭到父亲徐申如的坚决反对，他声明，如果儿子真的抛弃结发妻子，他就登报断绝父子关系，并把家政大权交给张幼仪，收她为干女儿，出钱供她到德国留学。但陷入情网的徐志摩最终还是坚持自己的选择。

张幼仪也是个优秀的、坚毅的女子，她是个大家闺秀，知书明理、举止端庄，善于打理家务，甚得公婆的欢心，但却不讨徐志摩的喜欢。她为了深爱的丈夫牺牲了个人的幸福，与徐志摩离婚之后，在遥远的德国开始了孤身一人的留学生涯，那个时候，怀着身孕的她多么需要照顾，但她却不得不独自面对一切。

离开徐志摩后的张幼仪，不再是唯唯诺诺的弱女子，她变得非常坚强，勇敢地选择了新的生活，从此人生有了新的一页。张幼仪活得很精彩，在德国拿到了学位。回国后，她成了职业女性，从家庭走向了社会，起初在东吴大学教授德语，许多名媛都愿意与她交往。很快，她的理财天分就显现出来了，她在上海开办云裳时装公司、上海女子商业储蓄银行等，后来还当过民社党的执行委员兼财务部部长。她是中国第一位女银行家，在当时是个事业成功的女子。

最难能可贵的是，虽然和徐志摩离婚了，但她依旧照顾着徐志摩的父母，抚养他的孩子。

张幼仪曾经自述过："你总是问我，我爱不爱徐志摩。你晓得，我没办法回答这个问题。我对这问题很迷惑，因为每个人总是告诉我，我为徐志摩做了这么多事，我一定是爱他的。可是，我没办法说什么叫爱，我这辈子从没跟什么人说过'我爱你'。如果照顾徐志摩和他家人叫作'爱'的话，那我大概爱他吧。在他一生当中遇到的几个女人里面，说不定我最爱他。"

面对徐志摩热烈的追求，林徽因的内心波澜起伏，徐志摩的洒脱、浪漫不羁的天性，都是她所欣赏的，也是她无法把握的。她是喜欢徐志摩的，喜欢他的才华，喜欢他的浪漫，徐志摩的满腔激情和爱恋叫人难忘。

她却无法回避徐志摩已经有婚姻的现实，如果接受他的感情，就意味着会给另外一个人带来巨大的痛苦，志摩的妻子张幼仪的影子是徽因心中抹不去的痛。

面对已经有了家室的徐志摩，林徽因想到了母亲在家中卑微的地位，想到了大家庭的争斗，想到了少年时代家庭生活的阴影，那个阴影一直追随着林徽因，是她永远也摆脱不了的噩梦。接受过良好教育、出身于名门、心高气傲的她不会再去选择母亲那样的生活。

况且徐志摩的家中还有一个出身名门、聪明能干的张幼仪，虽然他们两人不再是夫妻，但她为徐家生了个儿子，又会为人处世，深得徐家二老的赏识，在徐家的地位稳如泰山。

林徽因忘不了家中父母之间的一场场争吵，忘不了母亲不停地哭泣，忘不了母亲被遗弃的苦。如果接受了徐志摩的爱情，母亲的悲剧就会在张幼仪的身上重演，她不忍心给另外一个善良的女人造成伤害。从小看惯母亲泪水的她，不希望另外一个无辜的人再有同样的经历了。

当徐志摩要求林徽因许他一个未来时，林徽因回绝了，虽然她是爱徐志摩的，但却听从了理智的召唤。她的见识高于那个时代的其他女性，她虽然为情所伤，却没有为情所困。

徐志摩追问："就为了成就那虚无缥缈的道德？"林徽因说道："道德不是枷锁，而是对生命负责的态度。我不是没有来，只是无缘留下。"

是啊，康桥之恋是美好的，是浪漫的。但林徽因的这段感情却遭到了整个家族的强烈反对，家人怎么能容忍她去插足别人的家庭？怎么能容忍这样的事发生？

尤其是两个姑姑，她们都很有见识，也爱林徽因。在姑姑的心中，林徽因是名门之后，又接受了新式教育，她是见过大世面的大家闺秀，身份高贵，完全可以找个门当户对的好人家，怎么可能去做填房？虽然徐志摩离婚了，但他也是个有孩子的人，和他在一起，肯定会辱没林家的名声。

母亲更是反对，林徽因一直是她的自豪，她怎么甘心心高气傲的女儿也去受苦？她不同意女儿的这段感情。况且，林徽因的身边还有更优秀的人选——梁思成。

最终林徽因选择了梁思成，这也是她家族的选择，因为双方的家庭更加门当户对。有人说她选择了一栋稳固的房子，而没有选择一首颠簸的诗，可见她还是理智的。梁思成是个优秀的青年，年轻有为，性格温和，更是名门之后，深得林母的欢心。对她来说，嫁给梁思成，女儿幸福不说，自己今后的生活也会有了坚实的靠山。

林徽因是个理智的人，像她那样年纪的坠入情网的女孩子，大都是任性的，不顾父母的反对，一意孤行，但林徽因却有一种天生的理智。她在面临人生的重大抉择时非常有主见，权衡之后最终选择了放弃与徐志摩的感情。她郑重地珍藏起了徐志摩的情感，报以最深情的凝视，她理性的选择使未来的人生道路变得更加踏实。

1921年10月14日，林徽因和父亲乘船离开伦敦回国，他们没有告诉徐志摩，徐志摩对他们的不辞而别非常痛苦。林长民结束了一年多的讲学生涯，在他的精心安排之下，女儿林徽因也在英国伦敦读完了中学，现在他终于可以安心地带着完成了学业的林徽因踏上归国的旅途。

但林徽因的心情，并没有因此而平静，她曾回忆这段回家的路途："听到我所熟悉的曲子，那时我还是一个很小的小女孩，乘坐着一条船，穿过印度洋回家，那月光、舞蹈表演、热带的星空和海上的空气一起涌进了我的脑际，而那一小片被称作青年时代的东西，如一首歌里短暂的轻快片段一样，像梦幻一样地迷住了我，半是忧愁半是喜悦，我的心中只是茫然若失。"她后来写了一首诗《情愿》表达了当时的心情。

我情愿化成一片落叶，
让风吹雨打到处飘零；
或流云一朵，在澄蓝天，
和大地再没有些牵连。
但抱紧那伤心的标帜，
去触遇没着落的怅惘；
在黄昏，夜半，蹑着脚走，
全是空虚，再莫有温柔；

忘掉曾有这世界；有你；
哀悼谁又曾有过爱恋；
落花似的落尽，忘了去

这些个泪点里的情绪。

到那天一切都不存留，

比一闪光，一息风更少

痕迹，你也要忘掉了我

曾经在这世界里活过。

言有余而意无穷，在她冷静的外表之下，埋藏着炽烈的爱，也许放手，也是爱的另一种形式吧。浪漫的爱情故事结局总是让人伤感的，凄美的。落花有意，流水无情，林徽因默默地回国了，把徐志摩的心也带走了。

她和父亲不辞而别提前回国，选择了安静地走开而并非郑重告别，是因为“此时无声胜有声”。在后来的岁月里，林徽因始终与徐志摩保持着朋友间真诚而纯洁的情谊，她对徐志摩感情的理解和尊重，使她永远拥有徐志摩的敬重和挚爱。

那段美丽的故事，带给林徽因的不仅仅只是甜蜜，还有很多伤痕，爱情是一场梦，醒来之后，人虽然离开了，但心一直留在康桥，留在康桥的波光中。情到深处人孤独，只有爱过的人，才能体会到那份孤独和无奈。不是不爱，是不敢爱，也不能爱。或者就像她自己曾经说过的，是爱徐志摩还不够多？也许诗人浪漫的天性给她太多难以预料的未来，她对这份感情并不自信。

她曾经说过：“徐志摩当时爱的并不是真正的我，而是他用诗人浪漫情绪想象出来的林徽因，可我其实并不是他心目中所想象的那样一个人。”

费慰梅女士曾说过：“徽因对徐志摩的回忆，总是离不开那些文学大家的名字，如雪莱、曼殊斐儿、吴尔芙。我猜想，徐在对她的一片深情中，可能已不自觉地扮演了一个导师的角色领她进入英国诗歌和英国戏剧的世界……同时也迷惑了他自己。我觉得徽因和志摩的关系，非情爱而是浪漫，更多的还是文学关系。”

“在我的印象里，徽因是被徐志摩的性格、热忱和他对自己的狂恋所迷惑，然而她只有十六岁，并不是像有些人想象的那样世故。他不过是父亲身边的一个女学生而已。徐志摩的热烈追求并没有引起这个未经世事女孩子的对等反应。他的出现只是她生活里的一个奇遇，不至于让她背弃家里为她已经选好的婚姻。”

他们美丽的故事，没有圆满的结局，谁都没有跟徐志摩说一声，谁也没有惊扰他的美梦。诗人收获了爱情的花朵，却没获得爱情的结果，他失恋了，那是什么样的痛苦？徐志摩怀着绝望的心情，写下了《荒凉的城子》：

我眼前暗沉沉的地面
我眼前暗森森的诸天。
她，——我心爱的，哪里去了——那女子，
她的眼明星似的闪耀？
我眼前一片凄凉的街市。

我眼前一片凄凉的城子。
灾难后的城子，只剩有
剐残的人尸。

黎明时我忧忡忡地起身，
打开我的窗棂，
进来的却不是光明，进来的
是鲜明的爱情。
树枝上的鸟雀已经苏醒起，
我倾听他们的歌音；
他们各自呼唤着他们的恋情；
就只我是孤身。

这是生命与快乐的时辰，
我在我心里说话。
各个的生物有他的欢欣，
在阳光中过他的生活。
他们在各个同伴的眼内寻着。光明，
那怜惜的光明，这是
相互怜惜的时候，这是
相互爱恋的光阴。

说话呀！荒凉的城子！说话呀！
凄凉中的寂静！
她，我挚爱的，哪里去了，
她，认识我的魂灵？
那热情的眼如今在哪里？
曾经对着我的眼含情的凝睇？
那亲吻我的香唇如今在哪里？
在哪里，那酥胸曾经我的
胸怀偎依？

说话呀你我灵魂的灵魂；
我心里的情怀已经默起。
告诉我，在那毁灭与恐怖的日子
你遁迹在哪里？
看呀，我的手臂依旧抱着你，
抱着你是抱着天体，
看呀，我的心愿依旧靠傍着你，
我的心愿充塞着大地。

我不禁在忧伤中悲诉，
我离开了窗前，我转过身去，
我向着楼梯，走出门去

走上空虚的街去，

在忧伤中放声的哀恸，

可怜再没有人责我的过戾，

谁嘲讽我的软弱，更有

谁怜悯我的眼泪？

徐志摩遇见了，钟情了，恋爱了，很快又失恋了。爱情那样的美丽，那样的真诚，那样的痛苦，这段爱情，让他知道了失恋的滋味，他把失恋写进美丽的诗歌之中。也许只有诗人在远处的深情凝望，才能引起林徽因的频频回顾；对他的思念和怀念，成了她少女时代最美的回忆。

朱自清说写诗的徐志摩是“跳着溅着昼夜不舍的一道生命水”。只有这生命之水流过的时候，青山才会有回应。诗人的微风才能唤起林徽因四月天的回忆。美丽的人间四月天也许一生只能有一次，有了这样明媚的四月天，一生何求？

徐志摩很伤心，他不断地在失望和希望之间辗转，也许会无数次祈祷上天给他指点迷津。

那个时候的徐志摩写了很多美丽的诗篇，最有代表性的是《我所知道的康桥》，这是什么样的康桥？

在初夏阳光渐暖时你去买一只小船，划去桥边荫下躺着念你的书或是做你的梦，槐花香在水面上漂浮，鱼群的唼喋声在你的耳边挑逗。或是在初秋的黄昏，近着新月的寒光，望上流僻静处远去。爱热闹的少年们携着他们的女友，在船沿上支着双双的东洋彩纸灯带着话匣子，船心里用软垫铺着，也开向无人迹处去享他们的野福——谁不爱听那水底翻的音乐在静定的河上描写梦意与春光！

就如同诗中所言：无言独上西楼，月如钩，寂寞梧桐深院锁清秋。剪不断，理还乱，是离愁，别是一番滋味在心头。

林徽因回国了，热情的天才诗人徐志摩无法忘却林徽因，求之不得而辗转反侧，心里想着她，梦里也想着她。他无法控制感情，虽然一时的追求看不见成效，但他只会更加狂热。

在一个美丽的黄昏，他在康桥上漫步，流连忘返，写下了一首广为流传的诗。

再别康桥

轻轻的我走了，
正如我轻轻的来；
我轻轻的招手，
作别西天的云彩。

那河畔的金柳，
是夕阳中的新娘；

波光里的艳影，

在我的心头荡漾。

软泥上的青荇，

油油的在水底招摇；

在康河的柔波里，

我甘心做一条水草！

那榆荫下的一潭，

不是清泉，是天上虹

揉碎在浮藻间，

沉淀着彩虹似的梦。

寻梦？撑一支长篙，

向青草更青处漫溯，

满载一船星辉，

在星辉斑斓里放歌。

但我不能放歌，

悄悄是别离的笙箫；

夏虫也为我沉默，

沉默是今晚的康桥！

悄悄的我走了，

正如我悄悄的来；

我挥一挥衣袖，

不带走一片云彩。

康桥的生活是他一生中最值得纪念的日子，因为康桥边有美丽的倩影，他们曾经在有各种野花点缀的葱绿草坪上，或者看书，或者看天上的行云。他们也曾经到碧波荡漾的康河里划船，他们完全陶醉于爱情中，然而，林徽因的不辞而别，叫他措手不及，他只能用诗歌表达对往昔甜蜜生活的追忆，记录下他人生中最值得记忆的一段时光。

（五）青梅竹马，灵魂伴侣

徐志摩是个有思想的人，

从他那些流传已久的诗歌上看，

他是光明的使者，也是自由的使者，

并不是世俗中所说的那种只爱容颜的人。

林徽因吸引他的更多的还是她的人格魅力，

她有思想，受到过最好的教育，

见识远远高于同时代的女子。

徐志摩视爱情为生命，他曾经说过：“须知真爱不是罪……在必要时我们得以身殉，与烈士们殉国，宗教家殉道，同是一个意思。”

徐志摩对林徽因的感情始终不能释怀，他一直想念着林徽因。他相信只要相知，哪怕在天涯海角，哪怕相隔千山万水，只要心有灵犀，无论何时何地，依然可以感觉到对方的心声。时间算什么，距离算什么。只要心意相通，哪怕隔着千山万水，路途遥远，也不过是天涯咫尺。

为了追求灵魂的伴侣，为了见到梦中的她，徐志摩在1922年9月回国。他就像一只投火的飞蛾，继续进行他执着的追求，他坚信不懈的努力肯定能够到达彼岸，一颗心对另一颗心的碰撞，肯定会感化伊人的心。

金岳霖晚年谈起徐志摩的这段往事："林徽因被他父亲带回国后，徐志摩又追到北京。看，他满脑子林徽因，我觉得他不自量啊。林徽因和梁思成早就认识，他们是两小无猜，两小无猜啊。两家又是世交，连政治上也算世交。两人父亲都是研究系的。徐志摩总是跟着要钻进去，钻也没用，徐志摩不知趣，我很可惜徐志摩这个朋友。"

他说："比较起来，林徽因思想活跃，主意多，但构思画图，梁思成是高手，他画线，不看尺度，一分一毫不差，林徽因没那本事。他俩的结合，结合得好，这也是不容易的啊！"遗憾的是，金岳霖最终也是无可救药地爱上了林徽因，只是他不像徐志摩那样飞蛾投火般的狂热，而是理智地选择了默默地守候。

然而，徐志摩满腔的热情很快就冷却下来，摆在眼前的现实叫他很无奈，林徽因就要同梁启超的儿子梁思成结为秦晋之好，而梁启超正是自己的老师。

听到这个消息他非常伤心，这就像两颗在不同轨道上运行的行星，有着不同的方向，一颗行星朝另外的行星越走越近，却离那颗行星越来越远，最终只能隔着银河相望，不能相遇在一个轨道上。那个在水一方的伊人，是诗人今生永远也到达不了的梦。为了走出感情旋涡，他疯狂地进行诗歌创作，以此来缓解情感悲痛。徐志摩在这一时期创作了很多作品，在各大报刊上发表，赢得了人们的好评。

徐志摩为感情而伤心难过时，在文学事业上，却开始崭露头角。他出版了人生第一部诗集《志摩的诗》，这本诗集的出版，使他名声大振，他成了中国诗坛上一颗璀璨明星。

徐志摩是个好情人，也是好诗人，但未必是个理想的丈夫。林徽因的选择叫徐志摩苦恼不已，他写道：

请听我卑哽的声音，祈求于我爱的神：
人间哪一个的身上，不带些儿创与伤！
哪有高洁的灵魂，不经地狱，便登天堂：
我是肉搏过刀山，炮烙，闯度了奈何桥，
方有今日这颗赤裸裸的心，自由高傲！

这颗赤裸裸的心，请收了吧，我的爱神！
因为除了你更无人，给他温慰与生命，
否则，你就将他磨成齑粉，撒入西天云，
但他精诚的颜色，却永远点染你春朝的
新思，秋叶的夜晚；怜悯吧，我的爱神！

徐志摩是个有思想的人，在当时也是一代大师，竟然冒着天下之大不韪，为林徽因离婚，不顾一切地爱上她。作为天才诗人，他英俊潇洒，身边围绕着当时最优秀的女性。她们像面对一座高山一样仰慕着他、崇拜着他，仰慕他的才华和英俊的仪表，但徐志摩的心里当时只有林徽因，无论多少优秀的女子对他芳心暗许，他的心永远都在林徽因的身上。

林徽因到底有什么魅力值得诗人如此忘情？

林徽因无疑是美丽的。在那些久远年代的黑白照片上，她美得宛若清水出芙蓉般的仙子，集美貌、书卷气于一身。她美到了叫人过目难忘的程度，仿佛超脱于尘世之外。

但能够吸引徐志摩的并不只是她绝世的容貌，徐志摩是个有思想的人，从他那些流传已久的诗歌上看，他是光明的使者，也是自由的使者，并不是世俗中所说的那种只爱容颜的人。林徽因吸引他的更多的还是她的人格魅力，她有思想，受到过最好的教育，见识远远高于同时代的女子。

她五岁诵读诗书，六岁用文言文给父亲写信，八岁进入当时最开放的西式小学，十二岁进入教会中学，十六岁和父亲一起游览欧洲，在英国，她定下了未来做一个建筑师的目标，二十岁用英语演出泰戈尔的剧目，接着和梁思成一起赴美留学，拿到美国学位，回国后做出一番成就。

在当时，能像林徽因那样漂洋过海、接受良好教育的女性可谓凤毛麟角，林徽因是其中最优秀的一位。

她博览群书，尤其喜欢文学，对当代文学有着独到的见解。她才华横溢，能写出宛若人间四月天这般清新灵动的美丽诗句。“我说你是人间的四月天；笑响点亮了四面风；轻灵在春的光艳中交舞着变。”徐志摩遇见了这样豆蔻年华、品貌高雅的名门女孩，自然会沉醉其中。她不凡的见解与不俗的谈吐深深地吸引着徐志摩，徐志摩被她的外貌和思想折服，对她爱得奔放、爱得炽烈，把她当作灵魂的伴侣、一生的知音。

张幼仪也是优秀的，但她更多的是顺从，而林徽因却能够用平等的姿态和他交流。随着交往的深入，林徽因的优势越发彰显，虽然她只有16岁，但她的光芒就像一颗夜明珠，已经无法被尘世掩盖。回到北京后，林徽因已经是一个光芒四射的新女性了，从小接受国文教育，有海外留学的经历，加上绝世的容颜，使她成了当时社会新女性的典范。

徐志摩依旧痴心不改，当林徽因和梁思成约会的时候，徐志摩经常克制不住相思之情，前去打扰，无可奈何的梁思成只好在门上贴一张字条：“情人不愿受干扰。”

徐志摩也是个有身份的君子，看到字条后，只好无奈地离去，此时，林徽因和梁思成已经有了婚约，但未定聘。在长辈的眼里，林徽因和梁思成是一对金童玉女，可谓佳偶天成，梁启超对林徽因非常满意。

北京景山后街雪池林寓，是一座典雅的院落。当初林长民决定买下这个院子，除了因为这里地处北京的中心、环境安谧外，他还看中了后院那两棵高大挺拔的栝树。搬到这里后，他写诗题字都自称“双栝老人”。正值春天，栝树鳞状的叶片青葱碧绿，鲜黄色的花朵亮得逼人眼目。从院子里望出去，北海公园的白塔玉雕般素雅玲珑地耸立在晴空下。

林徽因和母亲居住的小院有一架紫藤，紫藤的小叶片呈长椭圆形，羽毛般地缠藤绕茎，阳光穿过藤萝架，筛下一地阳光，梁思成经常到这里看望林徽因。

林徽因的母亲很喜欢梁思成，他的性格温和，待人非常有礼貌，个子不高，但人长得很精神。

林徽因回国后，再次遇见梁思成，当年的两个少年，都变成了青年，他们在最好的年华中再次相遇，彼此之间的微笑如轻落的桂花，那种美好，正如人间四月的天。

每次梁思成拜访她们的时候，林徽因的母亲总是吩咐厨师精心地多准备几道菜。林徽因喜欢和梁思成在一起，他们无论出身还是教育背景都有很多的相似之处，两个人之间有说不完的话，这种精神的交融使他们觉得彼此的心贴得很近。

梁思成作为梁启超的长子，被父亲寄予了厚爱和厚望。他也不负众望，学业有成，多才多艺。梁思成学过小提琴、钢琴，是校歌咏队队员、管乐队队长。他还是校美术社的骨干，担任校刊的美术编辑，参与清华大学王国维先生纪念碑的设计，写得一手好字。他还特别有运动天赋，是清华大学有名的足球健将，在全校运动会上得过跳高第一名。梁思成的体操也十分出色，单杠、双杠技巧在同学中出类拔萃。

因为母亲不幸的婚姻对林徽因造成了阴影，所以她渴望有个一心一意、能够小心守护着她的人，有个幸福的归宿，而梁思成无疑会给她所期待的一切。在和梁思成的交往中，她知道了原来真正的爱是幸福的，有感情的家庭才是圆满的，这样的人生才不会有遗憾。

两个志同道合的父亲，对这两个子女的未来非常关心，不但关心他们的生活，更加关心他们的学业和未来，他们设想着梁思成从清华毕业后，就送孩子们去美国留学深造，希望他们先立业，在社会上有了立足之地后，再成家。

当时的教育风气深受传统文化的影响，“多说道理，少说知识，多说人生，少说宇宙，从尚空谈，不求务实”。由于大环境的影响，梁思成想继承父业，学习西方的政治，将来成为一个政治家。

但跟随父亲游历过欧洲、接受了欧洲最新思想的林徽因，却很有主张，她告诉思成，以后准备学习建筑。梁思成很吃惊，这是他第一次听说建筑，他无法把林徽因和建筑联系起来。

林徽因告诉梁思成，在英国的时候，她认识了一个叫黛丝的朋友，黛丝说过：“建筑是一门艺术，像诗歌和绘画一样，和盖房子不是一回事，它也有自己独特的语言。”

林徽因受伦敦房东的影响特别深，她的房东也是个女建筑师。林徽因常和建筑师房东一道出去写生、作画，她仿佛拥有这样一种天分。

林徽因最爱去的地方是剑桥一带，因为那里有最独特美丽的建筑物。徽因常拿着一本书，和女建筑师一起坐在草坪上，慢慢地欣赏这里的每一处景色。

在和女建筑师的交谈中，徽因知道了建筑师与盖房人的区别，懂得了建筑与艺术密不可分。有了这样的见识，再去回想她在国内外看过的庙宇和殿堂，林徽因就有了不同的理解和感受。从那个时候开始，不到20岁的林徽因便萌生出了对未来事业的朦胧愿望，现在条件渐渐成熟，她的志向越来越坚定了。

林徽因给思成谈起了她所知道的建筑，谈起了欧洲大陆那些“凝固的音乐”和“石头的史诗”。

她觉得建筑是一个“把艺术创造与人的日常需要结合在一起的工作”。而且建筑所需的不只是奔放的创造力，更需严谨的测量、技术的平衡以及为他人设想的体恤和巧思，这能让人的聪慧、才干和天分都得以施展。

林徽因的一番话，叫梁思成赞叹不已。梁思成发现，林徽因不仅有美丽的容颜，而且还有远大的抱负，并且努力地把想法变为现实。海外的生活开阔了林徽因的眼界，她非常有思想、有主见，还有很多新颖独特的见解。他对林徽因刮目相看，一个女子，竟然有如此不凡的理性智慧和超越于世俗的想法，他非常惊讶。

那一年是梁思成在清华的最后一年，他很喜欢绘画，听了林徽因的一番话后，触动很深。于是，梁思成就在这一刻，决定了自己的专业选择，他决定和林徽因一起到美国学习建筑，共同的爱好使得他们的关系进一步加深。

许多年后，梁思成以其开拓性的成就被公认为中国建筑学界的权威专家，可他常常向朋友谈起，他最初的选择是因为林徽因。他说，那时徽因刚从英国回来，“在交谈中，她谈到以后要学建筑。我当时连建筑是什么还不知道。徽因告诉我，那是包括艺术和工程技术为一体的一门学科。因为我喜爱绘画，所以我也选择了建筑这个专业”。

他们事业的选择和爱情的选择完全结合在一起，最初的选择也是一生的选择，他们一生为此奋斗，无论遇到什么样的艰难，从未后悔过。死生契阔，与子成说。执子之手，与子偕老。

读着他们的爱情故事，总会想起苏芮的这首《牵手》：

因为爱着你的爱，因为梦着你的梦，所以悲伤着你的悲伤，幸福着你的幸福。

因为路过你的路，因为苦过你的苦，所以快乐着你的快乐，追逐着你的追逐。

因为誓言不敢听，因为承诺不敢信，所以放心着你的沉默，去说服明天的命运。

没有风雨躲得过，没有坎坷不必走，所以安心地牵你的手，不去想该不该回头。

也许牵了手的手，前生不一定好走，也许有了伴的路，今生还要更忙碌。

所以牵了手的手，来生还要一起走，所以有了伴的路，没有岁月可回头。

（六）《夜莺与玫瑰》的故事

或许夜莺的故事可以诠释林徽因心中的爱情。

生活也会有很多刺，

叫人们的鲜血流尽，但我的血只为爱而流，

于是，林徽因把这个唯美的童话翻译出来，

介绍给更多的人。

然而，造化弄人，好事多磨，一次飞来的车祸给梁思成带来了巨大的伤害。

1923年5月7日，星期一，梁思成骑着从菲律宾买来的摩托车，带着弟弟梁思永去参加“五七国耻日”的游行，当他们骑摩托驶过长安街时，被一辆轿车迎面撞倒。

摩托车被撞翻，梁思成被压在下面，弟弟梁思永则被甩出去很远，梁思永起来后，发现梁思成已经不省人事了。

医院大夫诊断的结果很快就出来了，梁思永问题不大，很快就可以出院，但梁思成的右腿伤得很重，至少需要在医院住上八个星期。

听到这个消息以后，林长民也急忙和夫人赶到了医院。林家和梁家都守护在梁思成的病床边，林徽因则泪流满面，一直滴水不进，因车祸而伤心憔悴。为了照顾梁思成，她向学校请了一周假，每天都守在梁思成的床边，为他喂饭、换洗，帮他翻身，热心地同他谈话，开玩笑或安慰他，还经常给梁思成读报纸。

患难出真情，两个人之间的感情开始升温，林徽因对爱情有了更深的理解，原来爱情并不仅仅只是风花雪月、花前月下，还是一种责任、一种担当，经历过磨难的爱情最可贵。

林徽因很喜欢王尔德的《夜莺与玫瑰》，这是一个比生命更加可贵的爱情故事。1923年12月，19岁的林徽因第一次公开发表的作品就是她翻译的美丽而又忧伤的故事——《夜莺与玫瑰》：

“她说过只要我送给她一些红玫瑰，她就愿意与我跳舞，可是在我的花园里，连一朵红玫瑰也没有。”年轻人想到，王子明天晚上要开舞会，假如我送她一朵红玫瑰，她就会同我跳舞到天明；假如我送她一朵红玫瑰，我就能搂着她的腰，她也会把头靠在我的肩上，她的手将捏在我的手心里。可是我的花园里却没有红玫瑰，我只能孤零零地坐在那边，看着她从身旁经过。她不会注意到我，我的心会碎的。

夜莺听到后，非常感动，她想到，这儿总算有一位真正的恋人了，虽然我不认识他，但我会每夜每夜地为他歌唱，我还会每夜每夜地把他的故事讲给星星听。现在我总算看见他了，他的头发黑得像风信子花，他的嘴唇就像他想要的玫瑰那样红；但是感情的折磨使他脸色苍白如象牙，忧伤的印迹也爬上了他的眉梢。爱情真是一件奇妙无比的事情，它比绿宝石更珍贵，比猫眼石更稀奇。用珍珠和石榴都换不来，是市场上买不到的，是从商人那儿购不来的，更无法用黄金来称出它的重量。

善良的夜莺明白了学生忧伤的真正原因，她默默无声地坐在橡树上，心里想了很多，最终夜莺决定要帮助年轻人获得爱情。但是要想获得爱情，首先就要找到那朵红玫瑰。夜莺费尽千辛万苦到处打听，最终树告诉他，有个可怕的办法，可以得到红玫瑰。

“你必须借助月光用音乐来造出它，并且要用胸中的鲜血来染红它。你一定要用你的胸膛顶住我的一根刺来唱歌。你要为我唱上整整一夜，那根刺一定要穿透你的胸膛，你的鲜血一定要流进我的血管，并变成我的血。”

拿死亡来换一朵玫瑰，这代价实在很高，生命对每一个人都是非常宝贵的。坐在绿树上看太阳驾驶着她的金马车，看月亮开着她的珍珠马车，是一件愉快的事情。山楂散发出香味，躲藏在山谷中的风铃草以及盛开在山头的石南花也是香的。然而爱情胜过生命，再说鸟的心怎么比得过人的心呢？

为了帮助这个陷入爱情中的年轻人，夜莺决定牺牲自己的生命，成全他的爱情。

等到天黑，月亮升起来的时候，那只勇敢的夜莺就朝玫瑰树飞去，用自己的胸膛顶住花刺。夜莺用胸膛顶着坚硬的刺整整唱了一夜，就连冰凉的，像水晶一样的明月也俯下身来倾听它的歌声。

整整一夜她唱个不停，刺在她的胸口上越刺越深，她身上的鲜血也快要流光了。她开始唱起少男少女的心中萌发的爱情。在玫瑰树最高的枝头上开放出一朵异常的玫瑰，歌儿唱了一首又一首，花瓣也一片片地开放了。起初，花儿是乳白色的，就像悬在河上的雾霾——白得就如同早晨的足履，白得就像黎明的翅膀。在最高枝头上盛开的那朵玫瑰花，如同一朵在银镜中，在水池里照出的玫瑰花影。

夜莺就把玫瑰刺顶得越来越紧，刺着了她的心脏，一阵剧烈的痛楚袭遍了她的全身。痛得越来越厉害，歌声也越来越激烈，因为她歌唱着由死亡完成的爱情，歌唱着在坟墓中也不朽的爱情。

爱情是如此的美好，夜莺宁愿牺牲自己的生命也在所不惜。

最后这朵非凡的玫瑰变成了深红色，就像东方天际的红霞，花瓣的外环是深红色的，花心更红得好似一块红宝石。不过夜莺的歌声却越来越弱了，她的一双小翅膀开始扑打起来，一层雾膜爬上了她的双目。她的歌声变得更弱了，她觉得喉咙给什么东西堵住了。

这时她唱出了最后一曲。明月听着歌声，竟然忘记了黎明，只顾在天空中徘徊。红玫瑰听到歌声，更是欣喜若狂，张开了所有的花瓣去迎接凉凉的晨风。

勇敢的夜莺为了染红那朵代表爱情的玫瑰，竟然毫不犹豫地用自己的心房深贴花刺，直到流尽了最后一滴血。

夜莺与玫瑰，理想与现实，爱情与牺牲。

或许夜莺的故事可以诠释林徽因心中的爱情。生活也会有很多刺，叫人们的鲜血流尽，但我的血只为爱而流，于是，林徽因把这个唯美的童话翻译出来，介绍给更多的人。

由于林徽因的精心照顾，梁思成的心情非常好，身体康复得很快，他对林徽因说："只要能和你在一起，那就是我三生有幸。"两个人之间的感情开始加深，从那时开始，林徽因和梁思成开始形影不离。

看到两人之间恋人关系已水到渠成，梁启超非常欣慰，他在给女儿的信中说："我也很爱徽因，我已经把他当成我的女儿，一个非常可爱的女儿……老夫的眼力非常不错，徽因将会是我的第二个成功。"

梁启超所说的第一个成功，指的是梁思顺的婚事。梁启超为梁思顺选择了如意夫君周希哲。梁启超认为，由他留心观察、看好一个人，然后介绍给孩子，最后由孩子自己决定的做法——"这真是理想的婚姻制度"。

然而，天有不测风云，林徽因与梁思成的婚姻遇到了不小的阻力。

林徽因所做的一切，并没有得到梁思成母亲的认可，她对林徽因的行为感到震惊，这位传统的母亲很难接受她的洋派作风，她认为一个未婚的女孩子应该具有大家闺秀的矜持。梁思成卧病在床，梁家还没有给她下聘礼，她应该回避才是，现在林徽因每天到医院里来看梁思成，哪里有长辈教导的那种羞涩之心？梁母知道了林徽因和徐志摩之间的往事后，对林徽因也是更加不满。

她想，如果梁思成娶这样一个新派的女人，肯定不会拥有幸福，他应该找一个传统的淑女，而不是像林徽因这样的新潮女性。她表示，至死也不接受林徽因，会坚决反对这门婚姻。受到她的影响，梁思成的姐姐也不赞成他们的婚姻。

林徽因听到后，非常痛苦绝望，但她仍旧每天都去看望梁思成，有林徽因的陪伴，梁思成的心里很欣慰。

梁思成的母亲不认可林徽因，这对他们的婚事是个严峻的考验。梁思成的母亲李蕙仙在家里的地位很高，梁启超对她非常尊重，所以她的态度对梁思成非常重要。

李蕙仙在北京南边的固安县出生，家庭生活优裕。她是个大家闺秀，父亲很宠爱她，她天资聪明，从小就熟读古诗，不但文章写得好，而且琴棋书画样样精通，是有名的才女。出身名门的她慧眼识英才，不爱金钱爱文章，非常赏识梁启超的才华，曾经说过“非梁不嫁”。

1889年，当时担任朝廷维新派大臣的李端棻以大学士身份典试广东，他非常重视具有维新思想的人才，对梁启超非常赏识，亲自将堂妹李蕙仙许配给他。他们婚后始终恩爱如初，在学术界传为佳话，梁启超几次进京会试都住在李端棻家。

李蕙仙可以说是一位典型的贤妻良母。1892年夏，她随梁启超在新会县茶坑村住了一年多。梁启超的老家很贫寒，耕读传家，家里只有几亩薄田得以维持生计。

从小生长在北京的官宦之家的李蕙仙，在优裕的环境中长大，是一位千金小姐。但她接受了良好的家庭教育，不仅能诗善文，还能吃苦耐劳。她为人善良，性情侠义豪放，富有同情心，助人为乐，遇事果断，不像一般女子那样懦弱、怕事和优柔寡断。

她来到南方的农村以后，虽然语言不通，生活不习惯，但却亲自挑水、舂米、煮饭，并且从未表现出不高兴的情绪。当她来到茶坑村的时候，梁启超的亲生母亲已去世六年，主持家政的是梁的继母。继母只年长蕙仙两岁，而蕙仙却很尊敬她，和颜悦色地对待继母，继母很喜欢她，把蕙仙当作自己的亲生儿女一样对待。

李蕙仙是大家闺秀，也是梁启超的闺中良友。梁启超刚去北京的时候，满口别人听不懂的方言，在李夫人的帮助下，才学会了普通话，因而去除了走南闯北到处讲演、授课的语言障碍。

她意志坚强，即便是独自一人在澳门的时候，日子过得孤寂、愁闷，但当她知道梁启超要游历美洲，决定暂缓接全家去日本的时候，她还是深明大义地支持梁启超的行为。梁启超在政治上，尤其在学术上的巨大成就，和这位贤能的李夫人是分不开的。

梁启超在《壮别》诗中写道：

丈夫有壮别，不作儿女颜。

风尘孤剑在，湖海一身单。

天下正多事，年华殊未阑。

高楼一挥手，来去我何难。

李夫人的贤能，使梁启超能够全力以赴地工作，没有后顾之忧，他从来不为家事操心。梁启超曾说过：结婚以后，常受夫人之策励和帮助。年轻时无钱买书，夫人便将陪嫁首饰变卖的钱给了丈夫。中年时，屡遇艰险，夫人以大义鼓励他的勇气。当袁世凯复辟帝制时，梁启超要秘密去西南，与蔡锷等组织护国军讨袁，深夜与夫人诀别的时候，深明大义的李夫人非常支持，她慷慨激昂地说："上自高堂，下逮儿女，我一身任之，君但为国死，无反顾也。"

寥寥数语，感动得梁启超热泪盈眶。

梁启超认为她是一位不可多得的"闺中良友"，非常尊敬她，在给李蕙仙的信中说他们的结合是"美满姻缘，百年恩爱"。

面对夫人的反对，梁启超非常无奈，他只能慢慢劝解。

1923年，徐志摩、胡适、徐申如等人在北京西单石虎胡同七号租了一个院子，成立了新月社，并创办了《新月》杂志。有人说新月是受泰戈尔的诗集《新月集》的启发而得名。

徐志摩说：“我们舍不得新月这名字，因为它虽然不是一个怎样强有力的象征，但它那纤弱的一弯分明暗示着、怀抱着未来的圆满。”

在石虎胡同七号，新年的时候有年会，元宵有灯会，还有古琴会、书画会、读书会……有舒服的沙发坐，有可口的饭菜吃，还有相当的书报看。

新月社的成员们品茶，喝酒，谈时事，谈文艺，真是谈笑有鸿儒，往来无白丁，当时的知识分子与名流云集于此，这里是他们精神上的家园。

徐志摩一直在林徽因的身边，从来没有走远，他一直在不远的地方，关注着她，寻找各种相处的机会。和她相处的日子，徐志摩是开心快乐的，内心满是阳光、满是热情，从徐志摩的诗中，可以体会到他热烈的心情。徐志摩用最美的诗——《石虎胡同七号》赞美他们曾经在一起的地方。

我们的小园庭，有时荡漾着无限温柔：
善笑的藤娘，袒酥怀任团团的柿掌绸缪，
百尺的槐翁，在微风中俯身将棠姑抱搂，
黄狗在篱边，守候睡熟的珀儿，他的小友
小雀儿新制求婚的艳曲，在媚唱无休——
我们的小园庭，有时荡漾着无限温柔。

我们的小园庭，有时淡描着依稀的梦景；
雨过的苍茫与满庭荫绿织成无声幽冥，
小蛙独坐在残兰的胸前，听隔院蚓鸣，
一片化不尽的雨云，倦展在老槐树顶，
掠檐前作圆形的舞旋，是蝙蝠，还是蜻蜓？——
我们的小园庭，有时淡描着依稀的梦景。

我们的小园庭，有时轻喟着一声奈何；
奈何在暴雨时，雨捶下捣烂鲜红无数，
奈何在新秋时，未凋的青叶惆怅地辞树，
奈何在深夜里，月儿乘云艇归去，西墙已度，
远巷薤露的乐音，一阵阵被冷风吹过——
我们的小园庭，有时轻喟着一声奈何。

我们的小园庭，有时沉浸在快乐之中；
雨后的黄昏，满院只美荫，清香与凉风，
大量的蹇翁，巨樽在手，蹇足直指天空，
一斤，两斤，杯底喝尽，满怀酒欢，满面酒红，
连珠的笑声中，浮沉着神仙似的酒翁——
我们的小园庭，有时沉浸在快乐之中。

如果说康桥是诗人在海外寻觅的一方精神净土，那么，石虎胡同七号，就是诗人在北平找到的世外桃源。这个普通的院子，因为有她的到来而变得不同。

徐志摩用童话般富有诗意的语言描写了田园牧歌式的生活情境——采菊东篱下，悠然见南山。这里没有争斗与冷漠，只有温情和友爱；没有喧闹与繁杂，是个宁静和谐的世界，是心灵可以栖息的地方。在这里，可以暂时忘却纷繁的尘世，沉浸在田园牧歌的氛围中，这里宁静温馨，来往的都是志同道合的朋友。

这首诗深得古人的神韵，叫人想起刘禹锡的《陋室铭》："山不在高，有仙则名。水不在深，有龙则灵。斯是陋室，惟吾德馨。苔痕上阶绿，草色入帘青。谈笑有鸿儒，往来无白丁。可以调素琴，阅金经。无丝竹之乱耳，无案牍之劳形。南阳诸葛庐，西蜀子云亭。孔子云：'何陋之有？'"

虽然林徽因从不认为自己是新月派的成员，但她从新月时期开始，进入了北京知识界的社交圈，在这里她和徐志摩再次相遇，这是他们自康桥后的第二次交往。

（七）爱情故事《齐德拉》

当幕布拉开的时候，

丛林上空是一弯新月，

月亮下的齐德拉是那样美丽动人。

饰演这位古装少女的是林徽因，

她一口流利的英语和天仙般的美貌得到了所有人的肯定，

那情景让人久久难忘，

许多年后，还有很多人赞叹林徽因流利的英语和宛如公主般的娇媚。

没过多久，徐志摩又开始怀有希望了，因为泰戈尔来到了中国。泰戈尔的到来，为徐志摩创造了更多和林徽因接触的机会。

1924年四五月间，讲学社把泰戈尔请到中国，泰戈尔是印度著名诗人、文学家、社会活动家、哲学家和印度民族主义者。那个时候，泰戈尔刚获得诺贝尔文学奖，当时讲学社的主持者正是梁启超和林长民等人。泰戈尔的访问，在中国文艺界是件大事。

作为梁启超得意门生的徐志摩自然是扛起重任，担当起泰戈尔的随身翻译：先是负责具体事项的安排与联络，后来又全程陪同泰戈尔在中国的行程。

泰戈尔的火车慢慢驶向车站的时候，当时文化界的名流梁启超、蔡元培、胡适、蒋梦麟、梁漱溟、辜鸿铭、熊希龄、范源濂、林长民等人列队迎接他，美丽的林徽因也在其中。她手里捧着一束红色郁金香，站在队伍的中间。

当伟大的诗人泰戈尔出现在众人面前时，终于见到自己仰慕已久的诗人的林徽因难以抑制她那激动的心情，大步走上前，为泰戈尔献上美丽的鲜花。

在欢迎仪式上，泰戈尔发表了即兴演讲，他说："今天我们集会在这个美丽的地方，象征着人类的和平、安康和丰足。多少个世纪以来，贸易、军事和其他职业的客人，不断地来到你们这儿。但在这以前，你们从来没有考虑邀请任何人，你们不是欣赏我个人的品格，而是把敬意奉献给新时代的春天。"

最后，他给大家朗诵了一首他喜爱的诗：

仰仗恶的帮助的人，建立了繁荣昌盛，
依靠恶的帮助的人，战胜了他的仇敌，
依赖恶的帮助的人，实现了他们的愿望，
但是，有朝一日他们将彻底毁灭。

泰戈尔的诗朗诵得非常精彩，徐志摩更是翻译得恰到好处，赢得人们的一致喝彩。那天翻译结束后，林徽因真诚地对徐志摩说：“翻译得真是太好了，连我都听得入迷了。”

这句普通的话，叫徐志摩欣喜若狂，他非常激动，不由对两个人的未来又有了很多期待和幻想。

泰戈尔访问中国的那段日子，徐志摩和林徽因左右相伴，寸步不离。国内的各大报纸刊登了林徽因、徐志摩、泰戈尔的照片，形容他们好比“岁寒三友”：林徽因如花，是“梅”；徐志摩如“竹”；留着长髯、穿着长袍的泰戈尔是“松”。林徽因美貌纯情，徐志摩风度翩翩，泰戈尔仙衣飘飘，才情横溢的三人一时成为京城美谈。

在北京期间，泰戈尔做了很多演讲，在真光剧院的讲演中他说：“今日为东西文化发达及相互借重之时，我们至少要有批判之眼光。百余年前，即有西洋文化物质文明侵入东方，延至近今，实有评判之必要。我要声明的是，我并非反对物质文明及科学文明，不过我以为科学是附丽于人生的，非人生为科学的。人的生活，要与物质文明同时发达，不能任物质文明超过人生。

“欧战之结果，号称高尚无匹之西洋文明，亦露无数之缺点。我们利用此种绝好机会，可以评判东方精神文明与西方物质文明，何者可去，何者可存。再就此以溯及东西方文化接触之历史，很觉其中残酷之缺点。文化是求真理，乃西洋文化来侵入东方，完全带有特种的意味，当英国文化传入印度，即用以达其侵略之目的。吾人如此，亟宜一评判其是否。”

泰戈尔在演讲中反复告诉中国人：不要舍弃自己宝贵的文化传统与文化历史，更不要盲目地去接受和传播那些无价值的、丑恶的西方文化。

他每次讲话，徐志摩都翻译得非常成功。

当年的5月8日是泰戈尔64岁寿辰，北京的文化界人士为他举办了祝寿会。祝寿会由胡适操办，梁启超主持，梁启超给泰戈尔赠名“竺震旦”，泰戈尔非常高兴。生日晚宴结束之后，他们在东单三条协和小礼堂精心为泰戈尔安排了一场演出，这是大家专门用英语为泰戈尔排练的诗剧，它是根据泰戈尔本人写作的诗剧《齐德拉》改编的。

《齐德拉》是一个非常动人的爱情故事，由印度史诗《摩诃婆罗多》的情节改编而成。

齐德拉是马尼浦国王的女儿，在马尼浦王系中，代代都由男孩传宗接代，可是齐德拉却是家里唯一的孩子，所以，父亲就把她当成儿子来养，立她为储君。

齐德拉相貌平平，从小就受到男孩子般的训练。当邻国英俊的王子安顺那来到山中坐禅睡着时，正好被进山狩猎的齐德拉看见，她对安顺那一见钟情。齐德拉突然发现，没有女性美是自己最大的缺憾，她便向爱神祈祷，赐予她青春的美貌，哪怕只有一天也好。爱神被齐德拉的诚心感动了，答应给她一年的美貌。齐德拉一变而成为如花似玉的美人，终于赢得了王子安顺那的爱，两人结为夫妇。

婚后，王子告诉她，他非常敬慕那个平定了盗贼的女英雄齐德拉，然而，他不知眼前的妻子就是他所仰慕的英雄。于是，齐德拉祈祷爱神收回她的美貌，在丈夫面前显露了本来的面目。

这部戏由林徽因担任女主角，由张彭春导演，梁思成绘制布景。担任角色的也都是当时的社会名流：张歆海饰演王子安顺那，徐志摩饰演爱神玛达那，林长民饰演春神代森塔，王赓的太太陆小曼负责发售演出说明书。

大家都非常重视这次演出，从彩排开始就非常用心，最终《齐德拉》的演出非常成功。

当幕布拉开的时候，丛林上空是一弯新月，月亮下的齐德拉是那样美丽动人。饰演这位古装少女的是林徽因，她一口流利的英语和天仙般的美貌得到了所有人的肯定，那情景让人久久难忘，许多年后，还有很多人赞叹林徽因流利的英语和宛如公主般的娇媚。

剧中徐志摩的表演同样叫人赞叹，他有着出众的外表，高贵的气质，温厚的性情，惊人的才华，富有的家境，还有国外名牌大学的毕业证，在国内一流大学当教授，他是当时最负盛名的诗人，更有着澎湃的激情，是那个时候众多女性心目中的偶像。多少女子仰望着他，期待他的好感，但徐志摩的心里却只有林徽因。

经历过大海的波澜壮阔，就不会再被别处的水所吸引。陶醉过巫山云雨的梦幻，别处的风景就不称之为云雨了。虽常在花丛里穿行，却没有心思欣赏花朵，一半是因为自己已经修道，一半是因为心里只有你。在徐志摩的心中，没有人能够比得上林徽因，她是完美的。

《齐德拉》的剧情非常浪漫，台词也华丽优美，演员们激情澎湃的演出，赢得了大家经久不息的掌声。那天的演出可谓是盛况空前，文化界许多名流应邀前来观看演出，包括与新月社见解分歧很大的鲁迅。

泰戈尔喜欢看戏，更喜欢看自己写的戏。演出结束后，泰戈尔走上了舞台，他慈爱地拥着林徽因的肩膀赞美道："马尼浦王的女儿，你的美丽和智慧不是借来的，是爱神早已给你的馈赠，不只是让你拥有一天，而是伴随你终生，你将因此而放射出光辉。"

那一天，林徽因在戏里戏外都是绝对的女主角。她像一颗耀眼的明星，是舞台的中心，也是所有人的中心，她吸引了众人的目光，更吸引了徐志摩的心，使徐志摩沉溺于其中。

人生如梦，梦如人生，不知道是蝴蝶做梦，还是在梦中变成了蝴蝶?

人生如戏，戏如人生，人生就是一部浓缩的戏。徐志摩进入了角色，周围的一切仿佛都不存在，在大庭广众之下，他用恋人般炙热的眼光看着林徽因，眼里饱含深情，期待她的回应。

现实中的有情人演绎剧中的爱情，把剧本演绎得更加精彩。

此时，徐志摩绝望的心又有了希望，那段时间，他经常和林徽因一起接待泰戈尔进出会场，一起演出英文戏剧，朝夕相处，好像又恢复了在英国的感觉，初恋是如此的刻骨铭心，以至于他终生难忘。

从那时起，人们的目光聚集到林徽因的身上，林徽因和徐志摩当年在康桥所发生的那些美丽的故事开始到处流传。那是一个多么浪漫美丽的故事啊，梦幻中的康桥波光粼粼，多情的才子佳人偶然间相遇，开始了一个唯美的故事。在人们的眼里，他们郎才女貌，心灵相通，是真正的金童玉女。

徐志摩被尘封的感情再度燃烧起来，虽然他遇到了很多阻力，遭遇了很多挫败，但却痴心不改。他有了幻想，希望再续前缘。

徐志摩将自己的心事告诉泰戈尔，让老诗人泰戈尔为自己求情。泰戈尔毫不犹豫地答应了，但林徽因依旧拒绝，徐志摩的所有努力都化为泡影。现实粉碎了他的梦想，他感慨命运对他的无情和冷漠，明明两人是真心相爱的，在一起的时候，她却装作毫不在意。明明两个人之间有感情，却不能在一起长相守。明明对你爱得痛彻心脾，爱到痴迷，却不能说我爱你，只能把这段感情深埋心底。

得不到的爱情最美，但美得心痛，美得心碎，美得让人心力交瘁。

我在你的身边，不停地寻找，不停地走，却无论如何也走不进你的内心。整个世界都在我的身边，唯独我心中的你却不在我的身边。

两个人相识于康桥，相恋于康桥，爱情却擦肩而过，她成了徐志摩永恒的美梦，但却像蝴蝶一样，挣扎着要从他的梦中飞走。

修百世方可同舟渡，修千世方能同枕眠，前生五百次的凝眸，换来今生的擦肩。也许他们之间的缘分不到，要知道，凡事都有定数，不能强求，但徐志摩却从来都没有放下过那段感情。

也许是前世的姻，也许是来生的缘，错在今生相见平白增加一段无果的恩怨。回首彼岸，却发现来时的路已经模糊。

徐志摩知道林徽因很快就会和梁思成一起去美国了，而自己将会像天上那只孤雁，注定只能形单影只。徐志摩害怕即将到来的离别，这次离别对于他来讲，将会是海角天涯，天各一方了，至于何时相见，一切都是未知。相爱的人分开不再相爱，这是件多么痛苦的事。

此时，泰戈尔也要离开中国，徐志摩全程陪同。临送别的时候，泰戈尔从车窗探出身子，双手合十，向人们致意。志摩没有伸出头去，因为他不忍心面对窗外的情景，他看见林徽因和梁思成到车站来送他，更是增添了他的离愁别恨，徐志摩有很多话要说，一时却不知道如何开口，此时无声胜有声。

在靠窗的桌子上，徐志摩铺开纸笔，把满怀的心里话倾泻在白纸上："我真不知道我要说的是什么话。我已经好几次提起笔来想写，但是每次总是写不成篇。这两日我的头脑总是昏昏沉沉的。开着眼闭着眼却只见大前晚模糊的凄清的月色，照着我们并不愿意离去的车辆，迟迟地向荒野里退缩。离别！怎么能叫人相信？我想着了就要发疯。这么多丝，谁能割得断？我的眼前又黑了……”

此时此刻，徐志摩的心情应当如同李清照的一首诗中描述的那样：

花自飘零水自流，一种相思，两处闲愁。

此情无计可消除，才下眉头，却上心头。

随着开车的铃响起来，火车也咣当咣当地响起来，它碾碎了徐志摩的心，情到深处人孤独，他的心碎成片片飞雪，随风而逝。他想着要向林徽因告别，但他却什么话也没说出来，只是愣愣地站在那里，手里攥着那页信笺，忍不住泪如雨下。男儿有泪不轻弹，只是未到伤心处，旁边的胡适吃惊地说道：“志摩哭了！”

志摩哭了，他再也忍不住，于是泪如雨下，把手里的信揉成一团，准备扔出窗外，让它随风而去：既然你已经有了更好的归宿，我只有含泪给你最深的祝福，可是，不知道，幸福中的你，是否还能记住我对你的感情？你是否还能记住，康桥边的故事？去吧，去吧，就让一切都随风而逝吧。

难道就真的能割断这缕缕情思吗？

藕断丝连，这么多丝，缠绕在心上，谁又能割得断？

泰戈尔的秘书恩厚之满怀同情地注视着徐志摩，他一把将那信抢了过来，塞进了自己的手提箱。

最伤情的莫过于情人之间的离别。

江淹的《别赋》曾写道：

黯然销魂者，唯别而已矣！况秦吴兮绝国，复燕宋兮千里。或春苔兮始生，乍秋风兮暂起。是以行子肠断，百感凄恻。风萧萧而异响，云漫漫而奇色。舟凝滞于水滨，车逶迟于山侧；棹容与而讵前，马寒鸣而不息。掩金觞而谁御，横玉柱而沾轼。居人愁卧，恍若有亡。日下壁而沉彩，月上轩而飞光。见红兰之受露，望青楸之离霜。巡曾楹而空掩，抚锦幕而虚凉。知离梦之踯躅，意别魂之飞扬。

最使人心神沮丧、失魂落魄的，莫过于别离啊。何况秦国吴国啊，是相去极远的国家，更有燕国宋国啊，相隔千里。有时春天的苔痕啊刚刚滋生，蓦然间秋风啊萧瑟初起。因此游子离肠寸断，各种感触凄凉悱恻。风萧萧发出与往常不同的声音，云漫漫而呈现出奇异的颜色。船在水边滞留着不动，车在山道旁徘徊而不前，船桨迟缓怎能向前划动，马儿凄凉地嘶鸣不息。盖住金杯吧谁有心思喝酒，搁置琴瑟啊泪水沾湿车前轼木。居留家中的人怀着愁思而卧，恍然若有所失。映在墙上的阳光渐渐地消失，月亮升起清辉洒满了长廊。看到红兰缀含着秋露，又见青楸蒙上了飞霜。巡行旧屋空掩起房门，抚弄锦帐枉生清冷悲凉。想必游子别离后梦中也徘徊不前，猜想别后的魂魄正飞荡飘扬。

下有芍药之诗，佳人之歌，桑中卫女，上宫陈娥。春草碧色，春水渌波，送君南浦，伤如之何？至乃秋露如珠，秋月如珪，明月白露，光阴往来。与子之别，思心徘徊。

下界有男女咏“芍药”情诗，唱“佳人”恋歌。卫国桑中多情的少女，陈国上宫美貌的春娥。春草染成青翠的颜色，春水泛起碧绿的微波，送郎君送到南浦，令人如此哀愁情多！至于深秋的霜露像珍珠，秋夜的明月似玉珪，皎洁的月光珍珠般的霜露，时光逝去又复来，与您分别，使我相思徘徊。

万物皆生，皆系缘分，偶然的相遇，蓦然的回首，注定彼此的一生，只为眼光交集的刹那。那段时间，是徐志摩最伤心的日子，在绝望中，徐志摩写下了伤情的诗歌。

我是天空里的一片云，
偶尔投影在你的波心——
你不必讶异，
更无须欢喜——
在转瞬间消灭了踪影。

你我相逢在黑夜的海上，
你有你的，我有我的，方向；
你记得也好，
最好你忘掉，

在这交会时互放的光亮！

在徐志摩的诗歌里，在徐志摩的散文里，在徐志摩的所有文学作品里，他都在追求美，他在林徽因身上找到了他梦寐以求的东西：高雅、端庄、富有才华、有见识、有思想。

虽然理智上，徐志摩知道，两个人的相遇只不过就像两片云，有着各自不同的过去和未来，相遇是偶然的、匆忙的，转眼之间就会分开。

但他的心却被情所困，无法走出那段刻骨铭心的感情。

徐志摩期待着林徽因的回应，但她却沉默不语。冰雪聪明的林徽因何尝不知道徐志摩的心，但对她来说，一切都变成了过去，无法厮守的爱情，无论停留多久，最终还是要分开。与其绝望痛苦地相守，不如彻底放下，守住灵魂，换来内心的宁静，也许时间会带走一切，带走所有的痛苦。

母亲几乎被家庭遗忘的痛苦，在她心中一直是片阴影，她不忍心叫另一个女人也沦落到同样的境地。感情是虚幻的，靠不住的，只有事业才是真实的。家族对她有着很高的期待，花费了大量的精力培养她，她要做出一番事，才能给父亲和整个家庭满意的回答。

对林徽因来说，感情并不是她全部的生活，爱情只是人生的一部分，她还有学业，还有未来的事业，父亲和家族对她有更多的期待，她要走得很远，学到更多的知识。去美国的船票已经准备好了，她和梁思成即将奔赴新大陆，新的留学生活使她充满了期待，她要为将来的理想而努力。她做出极为理性的选择，亦写下《仍然》一诗来回应徐志摩，同时也坦陈了自己的心迹。

你舒伸得像一湖水向着晴空里
白云，又像是一流冷涧澄清
许我循着林岸穷究你的泉源：
我却仍然抱着百般的疑心
对你的每一个映影！

你展开像个千瓣的花朵！
鲜妍是你的每一瓣，更有芳沁，
那温存袭人的花气，伴着晚凉：
我说花儿，这正是春的捉弄人，
来偷取人们的痴情！

你又学叶叶的书篇随风吹展，
揭示你的每一个深思；每一角心境，
你的眼睛望着我，不断地在说话：

我却仍然没有回答，一片的沉静
永远守住我的魂灵。

（八）志同道合，比翼齐飞

林徽因承认自己是个兴奋型的人，

而梁思成的沉稳正好和她形成了最好的互补，

他们合作默契，在以后的工作中和事业中，

他们之间的这种默契一直保持了一生。

林徽因的起点高于那个时代的才女。由于家庭的原因，小时候的林徽因接受了贵族教育，一口流利的英语给她今后的海外求学生活打下了良好的基础。

到了英国后，她又考进了英国的学校，深受异国文化的浸染，视野开阔，有了远大的志向，并努力去实现个人的价值，在父亲的熏陶下，有了社会的使命感。

她和梁思成比翼双飞，在美国深造，上天是厚爱她的，给了她惊人的美丽、出众的天资。她亦不负家族的期待，获得了比美丽容貌更惊人的学识，学成回国后，成了一代建筑大师。

民国美女，世家风范。只有那个时代，才会有这样的气质和风骨。民国才女的气质，来自出身和后天的熏陶，是一种精神的沉淀。

1924年7月，20岁的林徽因和梁思成，还有梁思成的清华同窗好友——陈植一起来到了美国的康奈尔大学，这是美国东部的一所名校。他们一起利用暑假的时间补习功课，调整身心，适应新的环境。

他们都准备学习建筑，三个人都选择了所要补习的课程，林徽因选择了户外写生和高等代数两门课程，梁思成选了三角、水彩静物和户外写生三门课程。

他们的公寓有个半圆形的阳台，站在阳台上，可以看到窗外绿色的山谷与明亮的河水。这里山明水秀，美不胜收。三个人都很努力，白天，他们背着画夹出去写生；傍晚回到宿舍，他们在阳台上聊天、看书、准备学业，为去宾夕法尼亚大学做准备。

他们早就到宾夕法尼亚大学看过，它是美国最有名的学府之一。

宾夕法尼亚州是美国东部的工业大州，有"拱顶石州"之称，费城为宾夕法尼亚州最大的城市，这里曾是美利坚合众国的第一个首都所在地。斯库基尔河穿城而过，闻名全球的宾夕法尼亚大学就建在河的西岸。

宾夕法尼亚大学是八所常春藤盟校之一，创立于18世纪，它与哈佛和斯坦福大学被认为是全美最好的三所大学，梁思成、林徽因对它心有所属。

一个多月后，他们来到位于费城的宾夕法尼亚大学建筑系报到，但由于学校的建筑系不招收女生，林徽因只好改报了宾大的美术系，同时选修了建筑系的主要课程。

宾夕法尼亚大学的校园很美，到处都是绿树和草地。建筑系的楼前也是草坪，草坪尽头是一片白桦林。这一时期的学习给梁思成和林徽因留下了深刻的印象，为他们以后的建筑成就做了很好的铺垫。

梁思成和他的父亲梁启超一样，是个严谨的人，很快就适应了学校刻板、单调的生活。他做事非常认真、投入，在学习中找到了乐趣，并沉迷其中。他所有的时间都泡在图书馆里，过着几乎与世隔绝的书斋生活，他的努力，为他之后成为一代建筑大师奠定了坚实的基础。

林徽因也不断地努力，虽然她不像梁思成有清华美术社的功底，也没有绘画和制图的基础，但她天资聪颖，悟性很好，即便是从头学起，也很快就有了成就，教绘画的老师对她评价很高。

异国的生活，紧张的学业，一切都需要重新开始，林徽因的内心敏感而脆弱，每当奔走于美术教室和建筑教室之间、面对繁重学业的时候，她总会思念家乡的亲人、朋友，挥之不尽的是浓浓的乡愁。

而梁思成又是一个过于专注学习、事业心很强的人，很多时候会因为痴迷于设计而忽略了林徽因的感受。刚上大学的时候，几个同学邀请林徽因去野餐，她是宾大校园里的校花，更是众人瞩目的焦点。林徽因也是个喜欢热闹的人，她便一口就答应下来。同学说要带上梁思成，但大家都请不动他，于是叫林徽因去请，如果她能请动，就可以野餐时什么都不用做。为了请动梁思成，林徽因特意换了一身好看的衣服，精心打扮一番，走进了梁思成的画室。

梁思成看到徽因，非常高兴地指着图纸说："徽因，你来看，这柱子已经在多大程度上克服了希腊早期建筑那种大方块式的呆板。柱基和柱顶过梁的一点点改变，就使十分稳固的建筑获得了极优美的仿生物体的动态。你再看这爱奥尼亚柱，柱式多么雅致，线条多么流畅，柱体凹槽的生硬被柱顶的涡卷形装饰大大抵消……"

每次谈起建筑，梁思成就会神采飞扬，他有着远大的理想，全部身心都投入到了学业中。林徽因也听得入迷，等他说完，林徽因才想起找他的目的，于是就讲起了野餐计划，还有和同学打的那个赌。

林徽因说："你不能让我输给他们。"

梁思成从建筑的梦中走出来，回到了现实，他这才注意到林徽因打扮得很漂亮。梁思成犹豫了一会儿，他不愿意违背林徽因的好意，但眼前这幅图却叫他欲罢不能。梁思成犹豫很久，最后还是告诉林徽因，他很忙，有很多事情要做，没有时间出去。

梁思成的语气很轻却很坚决，这样的事已经不是第一次发生了，林徽因非常失望，只好离去。她想着如果邀请徐志摩，他肯定会不顾一切地前去，而不会有半句推辞，而梁思成却这样不解风情。

在林徽因和梁思成之间，还有一个障碍，那就是梁思成的母亲。她不喜欢林徽因，还曾经说过不接受林徽因的话，受梁思成母亲的影响，他的姐姐也不接受林徽因。这对心高气傲的林徽因是个不小的打击，两个人之间的关系蒙上了阴影。在宾大的这段时间，他们经历了一段感情上的挣扎，有时甚至也会爆发激烈的争吵，然后是无尽的冷战。

这个时候，徐志摩的影子又在她的心里浮现了，在林徽因给徐志摩的信中说："我的朋友，我不要求你做别的什么，只求你给我个快信，单说你一切平安，多少也叫我心安……"

这封信让已经对感情绝望的徐志摩又产生了许多的联想和想象，他欣喜若狂地想到，感情就是这样欲罢不能，在希望中有绝望，在绝望中有希望，就像波浪一样，在两极之间徘徊。也许林徽因还是在想念自己，以后还会有机会，这封信就能证明。想到这里，徐志摩非常激动，次日一早就飞快地赶到邮电局，给林徽因发了一封电报安慰她。电报局的员工看了说：先生，今天早晨已经有四位先生给这位女士打电报了——原来，林徽因给好几个男人发了同样内容的电报。

徐志摩出了邮电局，恍恍惚惚走在大街上，许多往事涌上心头，街上的一切他视而不见，只有林徽因的音容笑貌在眼前晃动，徐志摩很想念她。

不知不觉中，徐志摩又回到了邮电局，要求发一封电报。邮局的职员奇怪地看着电文，小心地问道：“先生，您半个小时前刚发过一封和这一样的电报，该不会是搞错了吧？”徐志摩这才从恍惚的状态中清醒过来。

就如同元好问的《摸鱼儿》中所描述的那般：

问世间，情为何物，直教生死相许？
天南地北双飞客，老翅几回寒暑。
欢乐趣，别离苦，就中更有痴儿女。
君应有语，渺万里层云，千山暮雪，只影向谁去？

徐志摩对林徽因的感情，最终打动了她，许多年后，林徽因依旧记着徐志摩，为他写了很多美丽的诗歌，纪念他们之间那段刻骨铭心的感情。不知道在现实生活中失意的时候，她是否想要化成风，回到梦中的康桥，回到当初的美好，因为那段刻骨铭心的感情，今生难遇。

正是因为徐志摩的爱情，成就了诗人林徽因，许多年后，她写出了情真意切的诗歌，然而，那时候，徐志摩却早已离去，再也听不到了。

人生有很多遗憾，很多人和事，稍纵即逝。他们曾经相遇，曾经相恋，却没有缘分在一起，像两个按照各自轨道运行的行星，擦肩而过，越走越远，难以再见。此情可待成追忆，只是当时已惘然。

但林徽因和梁思成甜蜜的时间还是很多的。梁思成对林徽因很有耐心，每次约会，他都要在林徽因楼下等上二三十分钟，因为林徽因注重形象，需要很长时间打扮，正因为这样，她始终是学校中的一道亮丽的风景。

梁思永曾经送他们一副对联“林小姐千妆万扮始出来，梁公子一等再等终成配”，横批是“诚心诚意”。经过一段时间的挣扎，他们之间的感情终于修复了。

听到这个消息后，梁启超非常开心，他说，我们一生不知要经历多少天堂地狱，即如思成和徽因，便有几个月在刀山剑树上过活！这种地狱比城隍庙十王殿里画出来的还可怕。

在美国同学眼里，中国学生很多都比较沉闷，做事也刻板，把更多的精力用在专心学习上。但林徽因却是个例外，在美国自由宽松的环境中，说着一口流利英语的她真是如鱼得水。

受到父亲的影响，林徽因非常善于交际，很多同学都愿意和她交往，因为她美丽、活泼、幽默、谦虚。很多人说上帝造人是公平的，给一个人漂亮的外表，同时也会给她平庸的成绩。但林徽因却是例外，她相貌出众，成绩也非常优秀，几十个同学中，她的作业总是最高的分，或者偶尔第二。梁思成和林徽因两人之间的差异非常明显，梁思成是个严谨用功的学生，而林徽因则是满脑子充满了创造性的联想。

宾大的老师经常布置些别出心裁的作业，他们有时让学生为毁损的建筑作修复设计，有时让学生重新设计凯旋门、纪念柱。

这时候，林徽因常常是灵感不断，她会很快想到好的创意，接着先画一张草图，然后便又多次修改，最终却很苦恼，感觉开始的设计难以完成。

每当这个时候，梁思成总会走到她的身边，把林徽因绘制一半的草图，拿起来，用他准确的绘图功夫，稍加修改，便勾画成一张精致而又整齐的作品。

林徽因承认自己是个兴奋型的人，而梁思成的沉稳正好和她形成了最好的互补，他们合作默契，在以后的工作中和事业中，他们之间的这种默契一直保持了一生。

梁思成在音乐和绘画方面都有很好的修养，宾大要求学生自由地设计作品，他的第一件作品是给林徽因做的一面仿古铜镜，以此表达自己的爱。

那是用现代的圆玻璃镜面镶嵌在仿古铜镜里合成的，铜镜正中刻着两个云冈石窟中的飞天浮雕，飞天的外围是一圈卷草饰，与飞天组合成完美的圆形图案，图案中间刻着：徽因自鉴之用民国十七年元旦思成自镌并铸喻其晶莹不珏也。

当林徽因接过这个精美作品的时候，她爱不释手，惊奇地赞叹道：“这件假古董简直可以乱真啦。”梁思成听后非常得意。

从1926年春季班开始，林徽因担任建筑系教授的助理，下学期的时候，她已经是建筑设计课的辅导员了。她打破了宾夕法尼亚大学建筑系不招收女生的校规，从第一年开始，她就开始和梁思成一起上建筑课了，宾大建筑系的老师曾夸奖他们两个设计的建筑图纸非常完美，叫人无懈可击。

正当两人在海外比翼齐飞的时候，一个飞来的横祸叫人措手不及。

（九）让过去的过去，只求纪念

有些感情是有缘无分的，

相见时难别亦难，东风无力百花残。

爱情最终的结局并不全是圆满的。

有些人虽然长相思，却无法长相守，

但只要心中有情，又何必朝朝暮暮？

林徽因的父亲林长民猝然去世了，他是为躲避北京的一次政变，到东北去避祸的时候，被流弹击中丧命的，当时他才49岁，正是年轻有为的时候。

林长民身后的惨状令人担忧，家里只有三百元现金，按照当时的消费水平，这些钱很快就会用完。两房太太都是家庭妇女，根本没有养家糊口的能力，最小的孩子，年纪还很小，他们不知道家里到底发生了什么事，更不知道父亲的离去会对他们今后的生活有什么样的影响，虽然披麻戴孝，却在灵堂上嬉闹着翻跟头，全然不知道未来生活的艰辛。

这个时候，是多年的好友梁启超给政府上书，为林家筹集了足够的款项，缓解了家中一时的危机。

林长民去世后，林家发生了巨大的变化，他的第二个妾带着她的孩子回到福建老家，林徽因的亲生母亲，在之后的有生之年依靠林徽因过活。随着父亲的离去，林徽因也失去了强大的经济后盾。父亲走后，林徽因最放心不下的就是母亲，几次想回国安慰她，一直牵挂着她，于是林徽因成家后的第一件事就是把母亲接到身边供养。

失去丈夫的何雪媛，在一直令她感到骄傲的女儿面前，表现出了以往未有的坚韧和大度，在最孤苦无依、最凄凉、最需要别人安慰的时候，她却再三地叮嘱远在美国的林徽因，务必安心求学，“只盼徽因安命，自己保养身体，此时不必回国”。从这点上看，虽然何雪媛是个足不出户的家庭妇女，但也是个很有见识的母亲，不愿意因为家庭的变故而耽误孩子的学业前途。

徐志摩听到这个消息后，深感震惊，他想起多年的友谊，怀着深厚的感情，写了感人至深的文《伤双栝老人》：

看来你的死是无可置疑的了，宗孟先生，虽则你的家人们到今天还没法寻回你的残骸。最初消息来时，我只是不信，那其实是太突兀，太荒唐，太不近情。我曾经几回梦见你生还，叙述你历险的始末，多活现的梦境！但如今在栝树凋尽了青枝的庭院，再不闻“老人”的謦欬；真的没了，四壁的白联仿佛在微风中叹息。这三四十天来，哭你有你的内眷，姊妹，亲戚，悼你的私交；惜你有你的政友与国内无数爱君才调的士夫。志摩是你的一个忘年的小友。我不来敷陈你的事功，不来历叙你的言行；我也不来再加一份涕泪吊你最后的惨变。魂兮归来！此时在一个风满天的深夜握笑，就只两件事闪闪的在我心头：一是你谐趣天成的风怀，一是髫年失怙的诸弟妹，他们，你在时，哪一息不是你的关切，便如今，料想你彷徨的阴魂也常在他们的身畔飘逗。平时相见，我倾倒你的妙语，往往含笑静听，不叫我的笨涩羼杂你的莹彻，但此后，可恨这生死间无情的阻隔，我再没有那样的清福了！只当你是在我跟前，只当是消磨长夜的闲谈，我此时时你说些琐碎，想来你不至厌烦吧。

两人从英国相识后，便互为知己，成了无话不谈的朋友，正值壮年的林长民突然离去，怎能不叫人伤心？周围的亲人和朋友，竟然没有一个人相信这是真的，所有的人都希望这只不过是个谣传。

"栝安"那虚报到的一个早上，我正在你家。忽然间一阵天翻地覆似的闹声从外院陡起，一群孩子拥着一位手拿电纸的大声欢呼着，冲锋似的拥进了上房。果然是大胜利，该得庆祝的："爹爹没有事"！"爹爹好好的"！徽那里平安电马上发了去，省她急。福州电也发了去，省他们跋涉。但这欢喜的风景运定活不到三天，又叫接着来的消息给完全煞尽！

然而现实是无情的，没有多久，林长民故去的消息就被证实了，大家再次陷入深深的绝望之中。

当初送你同去的诸君回来，证实了你的死讯。那晚，你的骨肉一个个走进你的卧房，各自默恻恻地坐下，啊，那一阵子最难堪的噤寂，千万种痛心的思潮在各个人的心头，在这沉默的暗惨中，激荡，汹涌，起伏。可怜的孩子们也都泪滢滢地攒聚在一处，相互的偎着，半懂得情景的严重。霎时间，冲破这沉默，发动了放声的号啕，骨肉间至性的悲哀——你听着吗，宗孟先生，那晚有半轮黄月斜觇着北海白塔的凄凉？

正值壮年的林长民，那时候已经厌倦了政治，正打算隐退政治，闭门安心地教育孩子。然而造化弄人，竟然遇见这样的变故。可怜他的身后，是一群年幼的孩童和两个没有经济来源的弱女子。

我知道你不能忘情这一群童稚的弟妹。前晚我去你家时见小四小五在灵帏前翻着跟斗，正如你在时他们常在你的跟前献技。“你爹呢”？我拉住他们问。“爹死了”，他们嘻嘻的回答，小五搂住了小四，一和身又滚做一堆！他们将来的养育是你身后唯一的问题——说到这里，我不由得想起了你离京前最后几回的谈话，政治生活，你说你不但尝够而且厌烦了。这五十年算是一个结束，明年起你准备谢绝俗缘，亲自教课膝前的子女；这一清心你就可以用功你的书法，你自觉你腕下的精力，老来只是健进，你打算再花二十年工夫，打磨你艺术的天才；文章你本来不弱，但你想望的却不是什么等身的著述，你只求沥一生的心得，淘成三两篇不易衰朽的纯晶。这在你是一种觉悟；早年在国外初识面时，你每每自负你政治的异禀。即在年前避居津地时你还以为前途不少有为的希望，直至最近政态诡变，你才内省厌倦，认真想回复你书生逸士的生涯。我从最初惊讶你清奇的相貌，惊讶你更清奇的谈吐，我便不阿附你从政的热心，曾经有多少次我讽劝你趁早回航，领导这新时期的精神，共同发现文艺的新土。即如前半年泰戈尔来时，你那兴会正不让我们年轻人；你这半百翁登台演戏，不论劳倦的精神正不知给了我们多少的鼓舞！

不，你不是"老人"；你至少是我们后生中间的一个。在你的精神里，我们看不见苍苍的鬓发，看不见五十年光阴的痕迹；你依旧是二三十年前《春痕》故事里的逸的风情——"万种风情无地着"，是你最得意的名句，谁料这下文竟命定是"辽原白雪葬华颠"！

在徐志摩的眼中，他是难得的朋友，也是一个正直的人，他的离去，使徐志摩失去了知己，陷入了巨大的悲痛之中。

谁说你不是君房的后身？可惜当时不曾记你摇曳多姿的吐属，蓓蕾似的满缀着警句与谐趣，在此时回忆，只如天海远处的点点航影，再也认不分明。你常常自称厌世人，果然，这世界，这人情，哪禁得起你锐利的理智的解剖与抉剔？你的锋芒，有人说，是你一生最吃亏的所在。但你厌恶的是虚伪，是矫情，是顽老，是乡愿的面目，哪还是不该的？谁有你的豪爽，谁有你的倜傥，谁有你的幽默？你的锋芒，即使露，也决不是完全在他人身上应用，你何尝放过你自己？对己一如对人，你丝毫不存姑息，不存隐讳，这就够难能，在这无往不是矫揉的日子，再没有第二人，除了你，能给我这样脆爽的清谈的愉快。再没有第二人在我的前辈中，除了你能使我感受这样的无执无我精神。最可怜是远在海外的徽徽，她，你曾经对我说，是你唯一的知己；你，她也会对我说，是她唯一的知己。你们这父女不是寻常的父女。“做一个有天才的女儿的父亲，”你会说，“不是容易享的福，你得放低你天伦的辈分先求做到友谊的了解。”

徐志摩为林徽因担心，他不知道外表柔弱的林徽因，如何能够承担这样巨大的变故。

徽，不用说，一生崇拜的就只你，她一生理想的计划中，哪件事离得了聪明不让她自己的老父？但如今，说也可怜，一切都成了梦幻，隔着这万里途程，她那弱小的心灵如何载得起这奇重的哀惨！这终天的缺陷，叫她问谁补去？佑着她吧，你不昧的阴灵，宗孟先生，给她健康，给她幸福。尤其给她艺术的灵术——同时提携她的弟妹，共同增荣雪池双栝的清名！

但林徽因是坚强的，她在突然之间成熟起来。人的成长是在一夜之间的，林徽因发现自己已经不再是衣食无忧的林家大小姐了，而是家里唯一的经济来源和依靠，母亲需要供养，年幼的弟弟妹妹需要施以援手，她告诉自己，要坚强地面对。她准备休学打工一年，缓解经济压力，但梁启超劝她要以学业为重。

从此，林徽因全身心地投入到学习中去，学有所成后，她要把压在父亲身上的担子接过来，扛在肩上，转眼之间，她就成了家里的顶梁柱。

在这个时候，梁思成坚定地站在林徽因的身后，他计划着尽快完成学业，找到工作，供养家庭。此时，梁启超更多考虑的是梁思成的未来，特别是在他回国后给他找到有利于发展的职位。梁思成把梁启超的计划告诉了林徽因，梁启超在信中，对梁思成和林徽因说，你们现在必定已经意识到，今后的一切计划都将受到影响。

梁思成对个人前途的关切丝毫不亚于父亲。宾大给了他建筑师的资格，但他还想在美国多待上几个月，以便学会如何教书。

1927年3月，胡适到费城做演讲。

他和林徽因谈起林父的死，又谈起了徐志摩与陆小曼那桩轰动一时的婚礼，他们轰轰烈烈的婚姻，在当时的社会里掀起了滔天巨浪。

徐志摩初识陆小曼是在泰戈尔六十四岁生日那一天。那天的主角是林徽因，但徐志摩注意到了多情的陆小曼。

没有多久，林徽因去了美国，徐志摩非常失落，把爱情视作生命的徐志摩心灰意冷，生活中的阳光和美转眼之间消失了颜色，鲜花也不再芬芳。他感觉情无所依，突然之间就没有了方向，不知道风向哪个方向吹，在这个时候，同样在感情生活上失意的陆小曼走进了他的生活。

徐志摩发现仪态万方的陆小曼原来也有很多哀愁，外表热烈的她，内心其实是孤独的，就像那个结着幽怨的丁香般的姑娘。

他不由自主地被吸引，他的热情需要一个热烈燃烧的场所，而小曼也是个热情似火的女子，正是他点燃了小曼的爱情之火。

小曼在《爱眉小札》序（二）中写道：

在我们初次见面的时候说来也十年多了，我是早已奉了父母之命媒妁之言同别人结婚了，虽然当时也痴长了十几岁的年龄，可是性灵的迷糊竟和稚童一般。婚后一年多才稍懂人事，明白两性的结合不是可以随便听凭别人安排的，在性情与思想上不能相谋而勉强结合是人世间最痛苦的一件事。当时因为家庭间不能得着安慰，我就改变了常态，埋没了自己的意志，葬身在热闹生活中去忘记我内心的痛苦。又因为我娇漫的天性不允许我吐露真情，于是直着脖子在人面前唱戏似的唱着，绝对不肯让一个人知道我是一个失意者，是一个不快乐的人。

小曼记录了他们相识那段时间的生活经历，她说：“这样的生活一直到无意间认识了志摩，叫他那双放射神辉的眼睛照彻了我内心的肺腑，认明了我的隐痛，更用真挚的感情劝我不要再在骗人欺己中偷活，不要自己毁灭前程，他那种倾心相向的真情，才使我的生活转换了方向，而同时也就跌入恋爱了。于是烦恼与痛苦，也跟着一起来。”

徐志摩遇见了京城名媛——风华绝代的陆小曼，陆小曼是个热情四射的女子，她的生命就像一团火，需要热烈地燃烧。但平庸的生活却压抑了她的梦和激情，她需要有活力的生活，徐志摩点燃了她内心的激情，两人坠入情海，轰轰烈烈地演绎了一场轰动当时的故事。

徐志摩热烈的感情找到了燃烧的支点，同是天涯沦落人，相逢何必曾相识？两颗寒冷的心走到一起，相互温暖着寂寞的人生。他们朝夕相处，感情越发真挚。

徐志摩说，恋爱中人的心境真是每分钟变样，绝对的不可测度。昨天那样的受罪，今儿又这般的上天。像这样的艳福世上能几个人享着，像这样奢侈的光阴这宇宙间能有几多？

像所有相爱的人一样，他们的感情在两极间变化，经历着爱的陶醉与爱的折磨，经受着天堂和地狱的变幻，经受着爱的考验。爱情是幸福甜蜜的，爱情的痛苦也如影随形。爱情是浪漫的，但现实却是严酷的，他们之间的爱情，由于时机不对，所以历尽无数的艰辛。

郁达夫在《怀四十岁的志摩》中说：“他和小曼的一段浓情……若在进步的社会里，有理解的社会里，这一种事情，岂不是千古的美谈？忠厚柔艳如小曼，热烈诚挚若志摩，遇合在一道，自然要发放火花，烧成一片了，哪里还顾得到纲常伦教？更哪里还顾得到宗法家风？当这事情正在北京的交际社会里成话柄的时候，我就佩服志摩的纯真与小曼的勇敢，到了无以复加。”

虽然有郁达夫、胡适、刘海粟等人持赞同态度，但陆小曼和徐志摩的交往在当时的社会里，仍旧是一件伤风败俗的大事，受到了社会舆论的强烈谴责和抨击，人们认为他们的恋爱是破坏传统礼教的罪恶行为。

尤其是梁启超，对徐志摩的恋情非常不满，他认为无论是从老师还是从长辈的角度，都应该给徐志摩敲敲警钟了。于是，他提笔给徐志摩写了封信，晓之以理，动之以情，规劝徐志摩赶紧悬崖勒马。

梁启超的信中写道：

其一，万不容以他人之痛苦，易自己之快乐。弟之此举，其于弟将来之快乐能得与否，殆茫如捕风，然先已予多数人以无量之苦痛。其二，恋爱神圣为今之少年所乐道……兹事盖可遇而不可求……所梦想之神圣境界恐终不可得，徒以烦恼终其身已耳。呜呼志摩！天下岂有圆满之宇宙？……当知吾侪以不求圆满为生活态度，斯可以领略生活之妙味矣……若沉迷于不可必得之梦境，挫折数次，生意尽矣，郁悒侘傺以死，死为无名。死犹可也，最可畏者，不死不生而堕落至不复能自拔。呜呼志摩，可无惧耶！可无惧耶！

但爱情至上的徐志摩反驳道：

我之甘冒世之不韪，竭全力以斗者，非特求免凶惨之苦痛，实求良心之安顿，求人格之确立，求灵魂之救度耳。人谁不求庸德？人谁不安现成？人谁不畏艰险？然且有突围而出者，夫岂得已而然哉？嗟夫吾师！我尝奋我灵魂之精髓，以凝成一理想之明珠，涵之以热满之心血，明照我深奥之灵府。而庸俗忌之嫉之，辄欲麻木其灵魂，捣碎其理想，杀灭其希望，污毁其纯洁！我之不流入堕落，流入庸懦，流入卑污，其几亦微矣！

他们惊世骇俗的爱情，为世人所不齿，家庭和社会都不谅解她和志摩的爱，更不愿意他们在一起，陆家和徐家都认为他们是不孝子女，极力阻止这样的丑闻发生。他们的感情，千夫所指，他们做了别人不敢做的，人们大加指责。

尤其是陆小曼的周围，没有一个人同情她、支持她，站在她一边，更没有一个人理解她，她的母亲更是坚决反对。

只有徐志摩一个人在鼓励她，徐志摩对小曼说：“真爱不是罪恶，在必需时未尝不可以付出生命的代价来争取，与烈士殉国，教徒殉道，同是一理。

“让这伟大的灵魂的结合毁灭一切的阻碍，创造一切的价值，往前走吧，再也不必迟疑！”

他问她：“我如果往虎穴里走，你能不跟着来吗？”为了爱情，志摩什么都不怕，他说：“别说得罪人，到必要时天地都得捣烂他哪。”

徐志摩向世人宣示：我之甘冒世之不韪，乃求良心之安顿，人格之独立。在茫茫人海中，访我灵魂之伴侣，得之我幸，不得我命，如此而已！

最终小曼像个投火的飞蛾，毫不犹豫地选择了诗人徐志摩，后来，这段不受祝福的婚姻千疮百孔，不被世人所容，留给两人一身伤痕。

但陆小曼心甘情愿地为了爱情粉身碎骨也在所不惜，虽然为爱付出了巨大的代价。

刘海粟说过：“陆小曼离开王赓改嫁徐志摩后，当年在北京把她捧为天人，以一睹芳颜为快的名人雅士们，立即变成武士和猛士，对小曼大加挞伐。”

但他们勇敢地战胜了一切，有情人终成眷侣。

不知道林徽因听到这个消息后，会有何种感想。徐志摩是她的初恋，他们相识、相知、相爱，她迫于现实的压力，无法给他任何的承诺，但两人的心彼此牵挂，从来都没有走远。

虽然林徽因没有表露太多，但不能否认她对徐志摩的留恋。在失意的时候，林徽因总会想起徐志摩，想起他们之间曾经的感情。徐志摩对她的爱，一直温暖地包围着她，照亮了那些灰暗的路。他们相识于康桥，相恋于康桥，在北京他们又一起写诗，一起排练戏剧，此时两人远隔千山万水，相见遥遥无期，只能把感情埋在内心的深处。

徐志摩故去多年后，她还继续发表给徐志摩的情诗，临终前，她在病榻前第一次见到了张幼仪，双眼含泪，但却什么话都没说。

有些感情是有缘无分的，相见时难别亦难，东风无力百花残。爱情最终的结局并不全是圆满的。有些人虽然长相思，却无法长相守，但只要心中有情，又何必朝朝暮暮？

对于徐志摩的爱情，林徽因唯有最深的祝福。爱情是一种缘分，曾经相爱过，有过美好的回忆，人生也就圆满了。当与所爱的人缘分已尽，无法长相守时，也要给对方最真诚的祝福。

林徽因给在美国访问的胡适的信上说：请你回国后告诉志摩，我这三年来寂寞受够了，失望也遇多了。告诉他我绝对不怪他，只有盼他原谅我从前的种种不了解。昨天我把他的旧信一一翻阅了，旧时的志摩现在真正透彻地明白了。过去的就过去了，现在不必提了，我只求永远纪念着。

（十）花好月圆，百年好合

选择一个人结婚，就是选择一个家庭，

选择一个家族，选择一群人，选择一种生活，

从这个角度上看，

林徽因选择梁思成是幸运的，

不但他本人是非常优秀的人，

而且还有一个优秀的父亲，

一个具有书香气氛的生活环境。

在美国的大学里林徽因和梁思成是非常优秀的学生。尤其是梁思成，天资聪明，才华横溢而又非常刻苦，他的两个设计方案都获得了学院的金奖，这在学院的历史上非常罕见。

对这对优秀的年轻人来讲，未来的一切都是美好的。

他的才华得到了丰厚的回报，还没有走出校门，他就接到了克雷教授的建筑师事务所的邀请，获得非常好的工作机会，获得高薪，过上优越舒适的生活。他们还可以凭借优越的成绩，选择留在美国，继续深造。

他们准备在美国拿到更高的学位后回国，用所学的知识，报效多灾多难的祖国。

梁思成在1927年8月向哈佛的科学和艺术研究生院提出了入学申请，他的目标是“研究东方建筑”，并说“对于那些大厦的研究及其保护的极端重要性促使我作此选择”，他的申请通过了。

1927年9月他将离开费城到剑桥去。而向往艺术的林徽因，则决定到耶鲁大学戏剧学院去读舞美设计。

在耶鲁大学，林徽因受到了同学们的欢迎。她是第一位在国外学习舞台设计的中国学生，宾夕法尼亚大学三年的学习使她打下了良好的美术功底，再加上她喜爱戏剧，也参加过演出，因此对舞台的灯光、空间、视觉效果，都有很多见解，帕克教授对她十分赞赏。

年龄最小的切尼经常与别的同学发生争吵，但她就喜欢林徽因，徽因也像姐姐一样宠着切尼，听她讲述各种烦心事。

十年后，徽因偶然翻开《戏剧月报》，切尼的名字跃入她的眼帘，她惊喜得简直不敢相信自己的眼睛，“她成了百老汇一名有名的设计师。想想看，那个同谁都和不来，老是需要我母亲般保护的小淘气鬼，现在成了百老汇有名的设计师，一次就有四部剧目同时上演。”

每个人都会期待未来，每个人都会遇见知己，每个人都会有自己的归宿。很快，两个人都完成了自己的学业，拿到了学位，那场酝酿多时的正式订婚的时刻来临了。

梁思成是梁家的长子，林徽因又是梁启超老朋友林长民的孩子，梁启超很欣赏她，所以，梁启超为他们的婚礼做了详细的安排，由于林徽因和梁思成在国外接受过西方的教育，所以婚礼在教堂举行，婚后两人去欧洲度蜜月，正好也可以对外国的建筑进行考察，学业家庭两不误。

梁启超在给梁思成的信里说得很清楚，要严格遵守所有的传统习俗。他专门请了一位朋友来给两个人对八字，找出两人的出生地点、时间以及上三代的名字。

梁启超还买了两块名贵的玉佩和一对玉印作为订婚典礼的信物，虽然梁思成和林徽因远在地球的另一面，但礼仪的隆重丝毫不减。“因婚礼十有八九是在美举行，所以此次文定礼特别庄严慎重些。晨起谒祖告聘，男女两家皆用全帖遍拜长亲，午间宴大宾，晚间家族欢宴。”

梁启超将一份祭告祖先的帖子寄给了梁思成，让他保管。

两人的定亲仪式按照中国的老规矩进行，由国内的亲人为他们操办。梁启超为两个人办完订婚仪式后，提笔给他们写信，商议两个人举办婚礼的大小事务。

这几天为你们聘礼，我精神上非常愉快……婚礼只要庄严不要侈靡，衣服首饰之类，只要相当过得去便够，一切都等回家再行补办，宁可从节省点钱作行旅费。你们由欧归国行程……我替你们打算，到英国后折往瑞典、挪威一行，因北欧极有特色，市政亦极严整有新意，（新造之市，建筑上最有意思者为南美诸国，可惜力量不能供此游，次则北欧特可观。）必须一往。由是入德国，除几个古都市外，莱茵河畔著名堡垒最好能参观一二，回头折入瑞士看些天然之美再入意大利，多耽搁些日子，把文艺复兴时代的美彻底研究了解。最后便回到法国，在马赛上船，（到西班牙也好，刘子楷在那里当公使，招待极方便，中世及近世初期的欧洲文化实以西班牙为中心。）中间最好能腾出点时间和金钱到土耳其一行，看看回教的建筑和美术，附带着替我看看土耳其革命后政治。［关于这一点，最好能调查得一两部极简明的书（英文的）回来讲给我听听。］

在这封信里，可以看出梁启超是个慈父，他平等地对待孩子，尊重孩子们的选择，他既是一个伟大的教育家，更是一个普通的父亲，对子女无微不至地关心。

有这样的父亲，梁启超和林徽因是幸运的，尤其是林徽因，梁启超把她当作亲生孩子一样看待，不但在事业上关心她，在生活上也对她安排得非常周全。

选择一个人结婚，就是选择一个家庭，选择一个家族，选择一群人，选择一种生活，从这个角度上看，林徽因选择梁思成是幸运的，不但他本人是非常优秀的人，而且还有一个优秀的父亲，一个具有书香气氛的生活环境。

所谓的门当户对，还是很有道理的，很难想象，一个从书香门第家庭中走出来的书生，能够和商人家庭相处得水乳交融。也很难想象，两个性格爱好反差过大的人如何能够和睦地生活在一起。

林徽因虽然浪漫，但骨子里却是冷静而清醒的，她追求现实的安稳，理智地面对婚姻和爱情，她用一双慧眼，为自己选择了完美的归宿——梁思成。

人们常说："文章是自己的好，老婆是人家的好。"梁思成却说："文章是老婆的好，老婆是自己的好。"

一起在美国留学的同学说过："思成能赢得她的芳心，连我们这些同学都为之自豪，要知道对林徽因的追慕者之多，犹如过江之鲫，竞争可谓异常激烈。"那个时候，追求林徽因的都是一些门第不凡、本人也极为优秀的青年才俊，但她却不为所动，仍旧钟情于梁思成。

这叫梁思成非常感动。

结婚的时候，梁思成问林徽因："有一句话，我只问这一次，以后都不会再问，为什么是我？"

林徽因是个聪明智慧的女子，她的回答值得细细品味："答案很长，我得用一生去回答你，准备好听我说了吗？"

1928年3月，梁思成和林徽因在加拿大渥太华举行了婚礼。林徽因没有穿西式婚纱，但在加拿大，她又买不到中式婚纱，于是，心灵手巧的林徽因自己设计了一套婚服：长长的裙摆曳地，领口和袖口都绣有中国古典盘花纹样，婚服的头饰是用洁白的绢纱配着秀气的冠冕一样的帽子，帽子中间是美丽的红璎珞。

林徽因穿着这件别致的婚服，在美妙的婚礼进行曲中，在所有亲朋好友最真诚的祝福中，在所有人的期待中，缓缓地走向了梁思成，一对新人就此携手走向新的生活。

从此，他们的生命联结成一个整体，携手一生，从不分离，他们在一起的目标从来都是完全一致的，无论贫穷还是富有，生死相随，心心相印。他们的生活和事业，完美地融合在一起。婚后，按照梁启超的安排，他们一起踏上了欧洲的蜜月之旅。

这次欧洲之行对他们今后的生活和工作都产生了深远的影响，这两个中国未来最优秀的建筑大师，遍访了欧洲最有名的建筑物，吸取了欧洲建筑物的精华，开阔了视野。

圣保罗大教堂是他们瞻仰的第一座圣殿。这是一座比较成熟的文艺复兴时期的建筑，具有欧洲特色。教堂平面为拉丁十字形，十字交叉的上方矗立着两层圆形柱廊构成的高鼓座。教堂正门上方的人字墙上，雕刻着圣保罗到大马士革传教的图画，墙顶上立着圣保罗的石雕像，整个建筑显得雄伟而不失对称的美。

在这座宏伟的建筑物旁边，中国未来的两个建筑学家，叹为观止。

梁思成拿着相机不断地变换角度拍摄圣保罗大教堂，林徽因对梁思成说："我想起了歌德的一首诗，'它像一棵崇高浓荫广覆的上帝之树，腾空而起，它有成千枝干，万百细梢，叶片像海洋中的沙，它把上帝——它的主人的光荣向周围的人述说。直到细枝末节，都经过剪裁，一切于整体适合。’我觉得这首诗就是为圣保罗教堂而写的，这座建筑直指天空，就像是想要和天空对话一样。”

梁思成笑着说：“不知为什么，我第一眼看见这座教堂就觉得它很与众不同。它是人与上帝对话的地方，它有着《圣经》的智慧和包容，来教化芸芸众生。”

参观完了圣保罗教堂，他们又去参观具有东方情调的布莱顿皇家别墅、英国议会大厦，还有海德公园的水晶宫。

水晶宫的通体都是用铁架和玻璃制成，在夜晚，月光和灯光互相映衬，晶莹剔透，这里就像是真正的海底水晶宫一样。他们发自内心地赞叹。

林徽因非常喜欢海德公园的水晶宫，她在日记里写道：“从这座建筑，我看到了引发起新的、时代的审美观念最初的心理原因，这个时代里存在着一种新的精神。新的建筑，必须具有共生的美学基础。水晶宫是一个大变革时代的标志……”英国的历史悠久，这里的建筑风格也非常多。尤其是伦敦，更是多样的建筑风格并存，有的典雅，有的华美，有的庄严……那些美丽的建筑，深深地烙印在两个未来的中国建筑学家的心底，成了他们一生中最深刻的记忆。

他们又来到了巴黎的香榭丽舍大街，在街头的露天酒吧和咖啡馆里，人们随意地坐着。他们又去了巴黎圣母院，这是一座代表着早期哥特式风格的建筑，它高耸挺拔，辉煌壮丽。里面分为三层，上层是楼塔，下层是三座拱门，中层是一块块镶嵌着彩色玻璃的玫瑰花窗。横壁上是法国历史上二十八位国王的雕像。

梁思成对林徽因说："这座建筑高直的风格，不正是体现了对崇高目标的渴望吗？尤其是这里的光线，顶层的窗户很多，而下部却是阴暗的，这座教堂直接体现了宗教中关于光明与黑暗、天国与地狱的思想。"

对于梁思成精彩的评论，徽因深表赞同，她说："人们都把巴黎圣母院比作祈祷的少女——双膝跪地，手臂向天。依我看，她也许就是在向上苍诉说人生是多么渺小而短暂，但人类又多么渴望永恒的情愫吧！"他们去了陈列着各种举世闻名的艺术珍品的卢浮宫，看到了达·芬奇的画作、古希腊古罗马的馆藏、东方的古董、法国及意大利的远古遗物。

徽因被伦勃朗的画作吸引了，她对梁思成说："卢浮宫里这么多圣经题材的画作，只有伦勃朗的基督让人难忘，他的眼睛里充满了仁慈和悲悯，就像是基督站到了我的面前，对我讲着《圣经》。"接着他们又坐火车离开法国前往意大利，在黄昏时分来到了罗马车站。

因为早年与父亲曾来过这里，林徽因算是故地重游了，她感觉非常亲切，两个人去了西斯廷教堂，看到里面的画作，每一幅画都是价值连城的稀世珍品，而使这个教堂闻名于世的是米开朗琪罗的穹顶画《创世纪》。

虽然林徽因已经不止一次从画册或者教科书上看见过这幅珍品，但是当她真正站在穹顶之下仰视画作的全貌时，林徽因的内心还是被这个珍品深深地震撼了。伟大的艺术家米开朗琪罗在1508年5月开始作画，直到1512年10月31日才完工，这是一幅全长40米、宽14米的巨画，整幅画面覆盖在天花板上。

它是以《旧约全书·创世纪》的故事为题材的一组天顶壁画，叫人感到不可思议的是，整个庞大的工程仅由米开朗琪罗一个人完成。

壁画中有各种各样的人物，雄浑的画面中传递出来的是英雄的力量。米开朗琪罗的忧伤、愤慨、怜悯……似乎所有的情感都在人物的脸上重现，虽然时间已经过去几百年了，人们依旧被他的内心世界所震撼。

这幅画耗尽了他全部的精力和体力，当他完成这幅画作之后，他的眼睛就彻底毁了。那年，他才37岁，从完成该画以后，他就一直保持弓着腰、仰着头走路的奇怪姿势，繁重的工作量让他看上去俨然是一副老者的模样，他把所有的精力都投入到作品中去了。

两个人非常震撼，梁思成感到他终于明白文艺复兴为什么会起源于意大利了，因为这里有着深厚的艺术氛围和人文思想。

林徽因说："这里古典文化的土壤太深厚了，文艺复兴时期的壁画、建筑、雕像都有着古典文化的渗透和恰当的比例，表现出对人性的肯定和赞美。这就是意大利时期的文艺复兴。”

梁思成表示赞同：“在这个古老的城市中，我越来越感受到一种和谐的氛围，因为它的文艺领域的革命并不是盲目地破坏和否定，而是充满自信地复兴古代文化中被认为不可放弃和不可转让的东西。”随后，两个人又去了德国，参观了著名的爱因斯坦天文台，它是德国建筑师门德尔松的表现主义代表作。这座建筑，塔体大部分用砖砌筑，但其流线型的造型却对后来尤其是美国工业建筑产生了极其深刻的影响。爱因斯坦也对它赞叹不已，说它是“本世纪最伟大的建筑和造型艺术上的纪念碑”。

在欧洲旅游期间，两个人来去匆匆，很久没有和家里联系了。随着行程的增加，两个人非常疲惫，钱也越花越多，他们开始考虑缩短行程，尽快回国了。在中国驻西班牙使馆，他们收到了梁启超的两封信，信中写道他一直在北京养病，给儿女们写信是他排解寂寞的方式。

我将近两个月没有写“孩子们”的信了，今最可以告慰你们的，是我的体子静养极有进步，半月前入协和灌血并检查，灌血后红血球竟增至四百二十万，和平常健康人一样了。你们远游中得此消息，一定高兴百倍。

思成和你们姊姊报告结婚情形的信，都收到了，一家的冢嗣，成此大礼，老人欣悦情怀可想而知。尤其令我喜欢者，我以素来偏爱女孩之人，今又添了一位法律上的女儿，其可爱与我原有的女儿们相等，真是我全生涯中极愉快的一件事。

你们结婚后，我有两件新希望：头一件你们俩体子都不甚好，希望因生理变化作用，在将来健康上开一新纪元。第二件你们俩从前都有小孩子癖气，爱吵嘴，现在完全成人了，希望全变成大人样子，处处互相体贴，造成终身和睦安乐的基础。

第二封信，梁启超告诉梁思成和林徽因：

……思成的工作定下来了，现已接到了东北大学的聘书，月薪265元，这是初任教教员的最高薪金了，暑假一结束就要开始上课……那边的建筑事业将来大有发展的机会，比温柔乡的清华园强多了。但现在总比不上在北京舒服，我想有志气的孩子，总应该往吃苦路上走。

接到信后，梁思成和林徽因发现时间已经非常紧迫了，因为当时已经七月份，还有一个月学校就要开学。于是，他们决定结束行程，马上回国，为了赶时间，他们便坐火车横穿西伯利亚，经伊尔库什克回国。

这是一次愉快的旅行，在归国的途中，林徽因看见车窗外广阔的西伯利亚大草原、无边无际的森林、平静的湖泊，她的心好像与自然融合在了一起，俄罗斯的广阔给她留下了深刻的印象。

（十一）辛勤耕耘，桃李满天下

林徽因极为聪颖，

国文、英文，无一不通，无一不晓，

且有思想，有见解。

而且她并不是个不解风情的读书人，

她非常有品位，会打扮，懂风情，

把每一个平淡的日子都过得风情万种。

在海外漂流多年的游子终于回到家了，他们拿到了学位，收获了知识，开阔了眼界，学成归来，报效多灾多难的祖国。

梁园虽好，却不是久恋之地，国外生活再好，也不如自己家里舒服，因为家里有亲人朋友。

不管国外的建筑多么新奇独特，他们还是喜欢中国的亭台楼阁，他们要在中国的土地上设计最美的建筑。梁思成和林徽因终于回来了，从此他们不再飘零，心灵也有了归宿。他们的归来，使病中的梁启超非常开心，看着孩子们学有所成，比翼双飞，他感到莫大的欣慰。

回国后，林徽因和梁思成每天都会整理一些在国外的资料和照片，空闲时会为大家讲讲路上的趣事见闻，和家里人相处得其乐融融。时间很快就过去了，他们马上就要去东北大学开始新的生活。

东北大学，给了他们一个大显身手的舞台，他们要用所学的知识报效危难中的国家，培养出更多的建筑人才。

东北大学在1923年正式成立，它的前身是沈阳高等师范学校和公立沈阳文科专科学校，张学良任校长。

东北大学有文学院、法学院、理学院和工学院。其中的工学院创建了国内的第一个建筑系。东北大学是一所充满活力的学校，校领导大胆起用新人，在各个学院中都安排了充满活力、奋发有为的年轻人来担任教员，这些年轻人给东北大学带来了活力和生机。

在当时的中国，建筑系的设立在国内还是第一次，大家对聘请什么样的教员心里没有底，从宾夕法尼亚大学建筑系毕业的杨廷宝听说这件事后，马上推荐了好友梁思成。

梁启超认为这是个好机会，就鼓励梁思成利用这个机会回到国内，用所学到的知识，为国家做事。

1928年，林徽因随梁思成前往沈阳东北大学任教，这时的林徽因已经成了一名从海外归来、学富五车的教师了。她有思想，更有梦想和抱负，她一直没有辜负父亲对她的期待，从来都不敢有一丝的放松。现在，她更加明白了未来生活的道路，她要和思成一起去研究全中国的建筑，甚至是全世界的建筑。

两个人志同道合，是天生一对佳侣，刚到沈阳的时候，梁思成对林徽因说："拉斯金的演讲词中说：真正的妻子，她无论走到什么地方，家便围绕着她出现在什么地方……对于我来说，你就是我的中心，你在哪里，我就要跟随着你去哪里，你在哪儿，我们的家就在哪儿。你就像是我的心灯，让我再也不是孤单一个人面对黑夜了。"

林徽因非常感动，和这样优秀的人朝夕相处，人生是美满的。虽然梁思成不像徐志摩那样充满了艺术气息，富有浪漫色彩，但他对林徽因爱得真诚，他可以给林徽因安适的生活，给她现世的安稳。他用宽广的胸怀，像兄长一样呵护包容着林徽因，体贴她、照顾她，他们琴瑟和鸣，被爱和幸福包围着。

林徽因以美貌著称，加之才华横溢，很多诗篇流芳百世，很多人都以为她仅仅是个诗人，是个骄傲的才女。其实，她还是一个伟大的建筑学家，有着非凡的智慧，她的才华在中国的建筑历史上留下了浓墨重彩的一笔。

1928年的秋天，东北大学各个学院都招了很多新生，校园内到处是学生们渴求知识的眼睛，建筑系招收了一个班的学生，教员却只有梁思成和林徽因。梁思成是系主任，教建筑设计和建筑史等课程；林徽因是教授，教授美术装饰史和专业英语。

夫妇二人非常激动，早在美国求学的时候，他们就立志做成一番事业，学成回来后，更是豪情万丈。如今，他们有了培养学生的机会，可以一边学习一边教学，这对夫妻二人来讲，真是个千载难逢的好机会。

当时，建筑学是国内的新兴学科，国内并没有合适的教材，林徽因和梁思成也不想引进国外的教材。于是，他们就把留学时所学到的专业知识分成绘图、设计、建筑学、美学等学科，用心地教授给学生。

梁思成和林徽因领着学生们学习，引导他们对建筑产生兴趣。他俩在讲授专业课的基础上，又添加了许多关于哲学、文艺、音乐、体育等方面的知识，以此来开阔学生的视野，让学生的思维不仅仅只是停留在建筑本身。

梁思成对学生们说："建筑是人类文化的历史，要成为优秀的建筑师，要有哲学家的头脑、社会学家的眼光、工程师的精确与实践、心理学家的敏感和文学家的洞察力。"

两人还注重培养学生的人品和性格，希望学生们可以成为具有全面素养的艺术家，他们用心教学，面对繁重的工作，林徽因没有退缩，她和梁思成有着共同的志向。学生们非常喜欢他们讲课，因为两个人见多识广、知识渊博，他们把建筑、音乐、佛教、中国古典美学、外国古典文艺、技术工程、构图技巧等多方面的知识有机地结合起来，深入浅出地传授给学生们。

学生们被这两位年轻老师的知识和阅历所折服，在他俩的熏陶和影响之下，他们也开始喜欢建筑学。他们开始有了个人的见解，常常到林徽因的家中与老师探讨问题，经常谈到深夜。课余时间，他俩给学生们讲述自己在国外留学时或是欧洲旅行时候的见闻，师生之间的关系非常密切。

学生们听得津津有味，经常半夜时分才离开，这个时候，梁思成总是把学生作业放在自己办公桌前面，催促林徽因赶紧休息。

此时的林徽因不再是严肃慈爱的教书先生，而是变成了居家的小女人，她微笑着给丈夫沏一杯茶放在案头，然后去休息。这样书斋的生活，忙碌而又充实。

林徽因的生活是完美的：家庭幸福，事业有成。她有个人的人生目标，努力地去实现这些目标，她过上了自己选择的生活。在温馨的家庭中，她诗意而又优雅地生活着，像朵洁白的莲花，宁静地在自己的小天地里盛开着。

如果把女人比作一朵花，美丽是她鲜艳的色彩，优雅就是她炫目的光泽。美丽是天生的，优雅则是女人最高层次的修养。

林徽因是优雅的女人，她心地澄明，有玫瑰般的芬芳。前世的她，不知道是否是天神池中一朵美丽的青莲，生于碧水，长于碧池，清修千载，到人间修炼一番？

林徽因极为聪颖，国文、英文，无一不通，无一不晓，且有思想，有见解。而且她并不是个不解风情的读书人，非常有品位，会打扮，懂风情，把每一个平淡的日子都过得风情万种。

生活中的她，时尚，高雅，犹如出水的莲花，有着诗书气息。

那样的女子，即使她生在简陋的茅草屋，也会把房屋收拾得具有艺术氛围，即使她穿着粗布衣裙，也依然别有风姿，因为她就是最美的风景。

林徽因还擅长为自己营造诗情画意的唯美氛围，捧一卷诗词，喝一杯清茶，一炉暗香浮动。纵使心中有多少事，表面依然恬淡笃定，心中是云淡风轻。

如莲花般美丽的林徽因，有着淡雅的心情，有着圆润稳妥的处事方式。再难的事也淡定自若，再大的挫折也微笑面对。

即使在阴霾的日子，她也能用旷达的胸襟超脱于尘世，用平静的心态面对一切。不以物喜，不以己悲。得之，谓我幸运；不得，谓我命运，如此而已。

梁启超在1929年1月19日与世长辞，享年57岁。这个时候，林徽因已经怀有身孕了，梁启超一直像亲生父亲那样关怀着林徽因。

在父亲去世的那段最艰难的日子里，是梁启超帮助她的家庭度过了最艰苦的日子，给她最无私的帮助，梁启超是她的亲人，最慈祥的长辈，对于他的离去，林徽因非常难过，她忍着巨大的伤痛和妊娠反应，与思成一起为梁启超操办丧事。

当时，国内外的各界人士纷纷悼念梁启超，各种悼念和祭奠的活动很多，国内各大报纸也开始刊载梁启超去世的消息并追忆他的生平事迹。

美国史学期刊《美国历史评论》刊发了一篇纪念文章："就是这个年轻人，以非凡的精神活力和自成一格的文风，赢得了全中国知识界领袖的头衔，并保留它一直到去世。表现在他的文风和他的思想里的这种能够跟上时代变迁的才华，可以说是由于他严格执行自己常常对人引用的格言：切勿犹疑以今日之我宣判昨日之我。"

林徽因和梁思成也完成了他们回国后设计的第一件作品，寄托了他们对父亲的深深的怀念之情：梁启超的墓碑。整座墓碑庄严大气，古朴稳重，就像他坦荡无私的为人一样。

由于梁启超的逝世，两个人的身体也变得虚弱。

出生在江南水乡的林徽因是一朵莲花，喜欢温暖的环境。她并不适应北方的寒冷天气，来到东北大学后，身体娇弱的她就经常感冒。失去亲人的变故叫她虚弱的身体更加雪上加霜，强烈的妊娠反应也折磨着她，整天茶饭不香，身体每况愈下。

即使这样，林徽因依旧坚持给学生上课，她说："站在讲台上，面对着我的学生，我才能暂时忘掉身体的不适。"谁能想到，像她这样外表柔弱的女性，内心却如此的坚强。

很快，林徽因和梁思成的几个同学也从国外归来加入了建筑系，建筑系的力量增强了，各项工作慢慢地走上了正轨。不久，他们又一起成立了梁、陈、童、蔡建筑事务所，对外承接建筑设计的大小事务，这样既可以实践他们所学的知识理论，又可以为学生们的教学提供更多的案例分析，做到了理论结合实际。

事务所一开张，就承接了一个大工程——为吉林大学设计校舍，经过大家的努力，工程在1931年如期完工，他们看着自己亲手设计的大楼建成时，非常激动，就像看见自己的孩子诞生。

他们的工作越来越多，先是设计了一个公园——肖何园，又为很多的官宦人家设计了宅院，这些工程使事务所的名气越来越大。

1929年，张学良征集东北大学校徽的设计方案，林徽因的白山黑水图案设计夺得了头奖。这枚校徽配合着赵元任创作的校歌："白山高高，黑水滚滚，由此山川之危利，故生民质朴而雄豪……"在东北大学的学子心中深深打下了烙印，从此林徽因在建筑界名声大振。

这时林徽因的事业蒸蒸日上，她和梁思成比翼双飞，做了很多有价值的工作，他们利用教学、设计各种图纸以外的时间，到郊外对古建筑进行考察和测量，收集了大量的一手资料。

同年的8月，他们的第一个孩子出生了，这是个非常漂亮的小女孩，小名叫宝宝，大名叫作梁再冰，是为了纪念刚刚故去的老人——饮冰室主人。

林徽因做了母亲后，她操心的地方更多了，最后，终于积劳成疾，折磨她已久的肺病再次复发。医生说北方的气候不利于她养病，而且东北地区动荡不安，于是，梁思成在1931年带着妻子、女儿回到了北京。

没有多久，东北大学被迫关闭了，虽然他们亲手创立的建筑系存在的时间不长，但却培养出了中国第一批建筑人才，这三年的教学经验为他们下一步建立清华大学建筑系打下了基础。

梁思成给建筑系的学生写了一封信：“……现在你们毕业了，你们是东北大学第一班建筑学生，是‘国产’建筑师的始祖，如一只新舰行下水典礼，你们的责任是何等重要，你们的前程是何等的远大！林先生与我两人，在此一同为你们道喜，遥祝你们努力，为中国建筑开一个新纪元！”

事实证明，这批学生没有让他们失望，他们为国家做出了贡献。

林徽因、梁思成回到北京后，很快就有了新的工作，他们到了专门研究中国古代建筑的民间学术机构中国营造学社工作。

（十二）太太的客厅

林徽因美到极致，

她的美是带有一种书卷气的典雅的美，

尤其她迷人的笑容和高雅的谈吐举止，

能不为之倾倒的男性恐怕并不多。

就如她写的诗歌：你是人间四月天。

他们在靠近东城墙的北总布胡同租了一个环境幽静的四合院，开始了他们平和稳定的新生活，这是相当安定的时期，他们的经济条件也很富足，这是一段宁静的生活，精神愉悦，家庭富有，有不少情投意合的朋友都来家里做客，没有多久，她的家——北总布胡同三号院就成了当时最吸引人的地方，聚集了当时最优秀的知识分子。

那时候，林徽因极其活跃，这“太太的客厅”也就成为学术文艺界著名的沙龙，来往的都是当时著名的学者。诗人徐志摩、哲学家金岳霖、政治学家张奚若、经济学家陈岱孙、国际政治问题专家钱端升、物理学家周培源、社会学家陶孟和、考古学家李济、文化领袖胡适、美学家朱光潜、作家沈从文等都是这里的常客。

林徽因很喜欢沈从文的小说和他的冒险经历，一直叫他为“二哥”。

沈从文也是徐志摩的学生，他的原名叫沈岳焕，湖南凤凰县人，祖母刘氏是苗族人，母亲黄素英是土家族人，祖父沈宏富是汉族人。因此，沈从文的民族身份可以是此三个民族的任何一个，但沈从文本人却更热爱苗族，他在百分之九十五以上的文学作品中描述苗族，可见在心底深处，他认为自己是苗族人。

14岁时，沈从文就投身行伍，开始在沅水流域漂泊，他浪迹湘川黔边境地区，早年这段浪迹天涯的生活经历，对他的文学创作有着很深的影响。

沈从文20岁离开湘西进京著文执教，到北京后开始了文学创作，其后25年间成为一个著名的小说家。他写的故事，多数发生在故乡的水边：在水上讨生活的剽悍的水手、靠做水手生意谋生的吊脚楼的妓女、带农家女私奔的兵士、开小客店的老板娘、终生漂泊的行脚人……

《中国现代文学三十年》曾这样评价沈从文的作品，沈从文的作品“达到了乡情风俗、人事命运、下层人物形象三者描写完美和谐、浑然一体的境地”，“沈从文的重要文学贡献是用小说、散文，建造起他特异的‘湘西世界’。这里没有尖锐的阶级斗争的图画，沈从文不具有那样的政治意识，他只用看似轻淡的笔墨，点出令人心灵颤抖的故事，他的目标仅仅专注于那些历经艰难而又能倔强地生存下去的底层人民的本性。这类人事的表达，在沈从文1934

年出版的代表作中篇《边城》里，推向了极致”。

沈从文作品伤感的倾诉背后，反映了湘西土著民族不被外人所理解的孤独。

他曾经自我评价道：“我来到城市五六十年，始终还是一个乡下人，不习惯城市生活，苦苦怀念我家乡那条沅水和水边的人们，我感情和他们不可分。虽然也写都市生活，写城市各阶层人，但对我自己的作品，我比较喜爱的还是那些描写我家乡水边人的哀乐故事。因此我被称为乡土作家。”

沈从文虽然出自湘西，也当过土匪，见过杀人，但他的内心却并不强大，他的性格中有着很懦弱的一面。沈从文这样一个艺术天才，却在感情问题上经常处于幼稚羞涩的境地。他不像林徽因那样坚强和勇敢，林徽因与沈从文之间的交情很深，是可以无话不说的异性朋友，经常有书信往来。

当时沈从文对一位年轻的女作家很爱慕，给予了很多的关心。他太太张兆和不在北京，而沈从文竟然在信中说给她听，结果引来一场家庭大战。

于是，沈从文几乎哭着跑到林徽因那里去哭诉委屈，并为自己辩解。林徽因“不由得感到天真的快乐，他那天早晨是何等的迷人和讨人喜”！

林徽因对朋友这样形容当时的沈从文：“这个安静、善解人意、多情又坚毅的人，一位小说家，又是如此一个天才，他使自己陷入这样一个情感纠葛，像任何一个初出茅庐的小青年一样，对这种事陷入绝望。他的诗人气质造了他的反，使他对生活和其中的冲突茫然不知所措，这使我想起了雪莱，也回想起志摩与他世俗的苦痛与拼搏。可我又禁不住觉得好玩。他那天早晨竟是那么的迷人和讨人欢喜。而我坐在那里，又老又疲惫地跟他谈，骂他，劝他，和他讨论生活及其曲折，人类的天性、其动人之处和其中的悲剧、理想和现实！”

林徽因曾经给沈从文写了一封信，里面讲了她个人对感情的态度：

二哥：

世间事有你想不到的那么古怪，你的信来的时候正遇到我双手托着头在自恨自伤的一片苦楚的情绪中熬着。在廿四个钟头中，我前前后后，理智地，客观地，把许多纠纷痛苦和挣扎或希望或颓废的细目通通看过好几遍，一方面展开事实观察，一方面分析自己的性格情绪历史，别人的性格情绪历史，两人或两人以上互相的生活，情绪和历史，我只感到一种悲哀、失望，对自己对生活全都失望无兴趣。我觉到像我这样的人应该死去；减少自己及别人的痛苦！这或是暂时的一种情绪，一会儿希望会好。

在这样的消极悲伤的情景下，接到你的信，理智上，我虽然同情你所告诉我你的苦痛（情绪的紧张），在情感上我却很羡慕你那么积极那么热烈，那么丰富的情绪，至少此刻同我的比，我的显然萧条颓废消极无用。你的是在情感的尖锐上奔进！

林徽因非常了解他的处境，对沈从文进行宽慰，紧接着，她又谈起了自己对感情生活的态度：

可是此刻我们有个共同的烦恼，那便是可惜时间和精力，因为情绪的盘旋而耗废去。

你希望抓住理性的自己，或许找个聪明的人帮你整理一下你的苦恼或是“横溢的情感”，设法把它安排妥帖一点，你竟找到我来，我懂得的，我也常常被同种的纠纷弄得左不是右不是，生活掀在波澜里，盲目的同危险周旋，累得我既为旁人焦灼，又为自己操心，又同情于自己又很不愿意宽恕放任自己。

不过我同你有大不同处：我认定了生活本身原质是矛盾的，我只要生活；体验到极端的愉快，灵质的，透明的，美丽的近于神话理想的快活，以下我情愿也随着赔偿这天赐的幸福，坑在悲痛，纠纷失望，无望，寂寞中挨过若干时候，好像等自己的血在创伤上结痂一样！一切我都在无声中忍受，默默的等天来布置我，没有一句话说！（我且说说来给你做个参考。）

在林徽因的世界中，感情占有重要的位置，它是那么与众不同，在生活中情感的体验是极为快乐的事，感情可以给人们带来丰富的体验。

没有情感的生活简直是死！生活必须体验丰富的情感，把自己变得丰富、宽大，能优容，能了解，能同情种种“人性”，能懂得自己，不苛责自己，也不苛责旁人，不难自己以所不能，也不难别人所不能，更不怨运命或是上帝，看清了世界本是各种人性混合做成的纠纷，人性又就是那么一回事，脱不掉生理，心理，环境习惯先天特质的凑合！把道德放大了讲，别裁判或裁削自己……

我方才所说到极端的愉快，灵质的，透明的，美丽的快乐，不知道你有否同一样感觉。我的确有过，我不忘却我的幸福。我以为最愉快的事都是一闪亮的，在一段较短的时间内迸出神奇的——如同两个人透彻的了解：一句话打到你心里，使得你理智和感情全觉到一万万分满足；如同相爱：在一个时候里，你同你自身以外另一个人互相以彼此存在为极端的幸福；如同恋爱，在那时那刻眼所见，耳所听，心所触无所不是美丽，情感如诗歌自然的流动，如花香那样不知其所以。这些种种便都是一生中不可多得的瑰宝。世界上没有多少人有那机会，且没有多少人有那种天赋的敏感和柔情来尝味那经验，所以就有那种机会也无用。如果有如诗剧神话般的实景，当时当事者本身却没有领会诗的情感又如何行？即使有了，只是浅俗的赏月折花的限量，那又有什么话说？！转过来说，对悲哀的敏感容量也是生活中可贵处。当时当事，你也许得流出血泪，过去后那些在你经验中也是不可鄙视的创痂。（此刻说说话，我倒暂时忘记了我昨天到今晚已整整哭了廿四小时，中间仅仅睡着三四个钟头，方才在过分的失望中颓废着觉到浪费去时间精力，很使自己感叹。）在夫妇中间为着相爱纠纷自然痛苦，不过那种痛苦也是夹着极端丰富的幸福在内的。

感情生活是美好的，痛苦的，也是幸福的，最后，林徽因通过自己所经历的感情去安慰沈从文。

如果在“横溢情感”和“僵死麻木的无情感”中叫我来拣一个，我毫无问题要拣上面的一个，不管是为我自己或是为别人。人活着的意义基本的是在能体验情感。能体验情感还得有智慧有思想来分别了解那情感——自己的或别人的！如果再能表现你自己所体验所了解的种种在文字上——不管那算是宗教或哲学，诗，或是小说，或是社会学论文——（谁管那些）——使得别人也更得点人生意义，那或许就是所有的意义了——不管人文明到什么程度，天文地理科学的通到那里去，这点人性还是一样的主要，一样的是人生的关键……

算了吧！二哥，别太虐待自己，有空来我这里，咱们再费点时间讨论讨论它，你还可以告诉我一点实在情形。我在廿四小时中只在想自己如何消极到如此田地苦到如此如此，而使我苦得想去死的那个人自己在去上海火车中也苦得要命，已经给我来了两封电报一封信，这不是“人性”的悲剧么？那个人便是说他最不喜管人性的梁二哥！

林徽因喜欢热闹，喜欢被人称羡，她经常在文学沙龙上高谈阔论。在那个客厅里，林徽因是绝对的主角，也是唯一的中心，林徽因继承了父亲喜欢交际的特点，家里经常高朋满座，她才华横溢，说话也快，只要她在说话，客厅里所有的人都在倾听。

当时文化界的精英，没有理由不崇拜她，林家成了他们精神的家园。她的客厅里只有名流雅士，那里是一种荣耀，一种没有冠名的身份的象征。

林徽因美到极致，她的美是带有一种书卷气的典雅的美，尤其她迷人的笑容和高雅的谈吐举止，能不为之倾倒的男性恐怕并不多。就如她写的诗歌：你是人间四月天。

她美丽高贵，无论是出身还是后天的修养，都使她具备叫人仰慕的品质，具有一个优秀女性的特质。有无数热恋着她、仰慕着她、关注着她、宠爱着她的异性，有个杰出的丈夫，这样才华横溢的女子，是我们所能想象到最美好的女子，更是民国最美的一道风景。

她周游列国，到海外留学的经历，是那个时代年轻人可望而不可即的经历，即使对于当时的世家子弟，海外留学也是一种奢望。

美丽如莲花般的她在当时女子并不能轻易抛头露面的年代，就像一阵徐徐吹来的春风，搅动了一潭春水，更是拂动了万千男子的心，当时的文化精英们，对她仰慕，无不为一睹芳泽而尽心竭力接近她。

在李健吾的《林徽因》中对林徽因的高谈阔论有着精彩的描写：

当着她的谈锋，人人低头。叶公超在酒席上忽然沉默了，梁宗岱一进屋子就闭拢了嘴，因为他们发见这位多才多艺的夫人在座。杨金甫（《玉君》的作者）笑了，说："公超，你怎么尽吃菜？"公超放下筷子，指了指口如悬河的徽因。一位客人笑道："公超，假如徽因不在，就只听见你说话了。"公超提出抗议，"不对，还有宗岱。"

（十三）梁上君子，林下美人

为了心爱的建筑事业，两个人走遍了欧洲，

又走遍了中国的大山名川，遍访各地古老的建筑，

他们的生活和事业，早就融合成了一个整体。

当听说辛苦多年整理的工作资料在天津保险箱里被洪水冲没，

他们心急如焚，忍不住抱在一起失声痛哭。

他们一生相依为命，相扶立事，

两人目标是如此完美地结合在一起，永不分离。

美丽、富有才华、独立、坚强、坚韧和柔美集于一身的倾城女子林徽因，出身名门，却为了理想，不畏艰苦，四处跋涉。她体弱多病，却能在艰难的人世里，用豁达的心态，宁静地微笑。林徽因是精神贵族，无论身份还是学识，无论是美貌还是才情，她都是当之无愧的贵族。围绕在她身边的，有浪漫的诗人徐志摩、建筑家梁思成、哲学家金岳霖。

金岳霖是林徽因的邻居，他是清华大学哲学系的教授，也是林徽因生命中另外一个重要的人，他与梁思成、林徽因夫妇是好朋

友，但又爱着林徽因，他们之间的情感脱离了世俗，达到了一个新的境界。

金岳霖和林徽因一家非常投缘，他爱了林徽因一生，在不远处默默地看着林徽因，从来也未曾走远，他对林徽因是精神之恋。

爱情是什么？海的女儿给了我们最好的回答。

海里有一个美丽而善良的美人鱼。她爱上了一个出海遇难的王子并救了他，为了追求爱情幸福，她不惜忍受巨大痛苦，脱去鱼尾，换来人腿。人鱼变成人后做了王子的侍女，她忍着痛跳出最美的舞蹈，然而王子爱的是邻国公主，最后和邻国的公主结了婚。巫婆告诉美人鱼，只要杀死王子，并使王子的血流到自己腿上，美人鱼就可回到海里，重新过上无忧无虑的生活。善良的人鱼公主不愿杀了王子重新变成人鱼，她为了王子的幸福，选择了静静地等待黎明的到来，在第一缕曙光中她投入海中，化为泡沫。

这个美丽而又忧伤的故事，最后是这样写的：

王子的婚礼定在船上举行……

欢乐的婚礼结束后，船上安静下来了。小人鱼把她洁白的手臂倚在船舷上，向东方凝望，等待着晨曦的出现——她知道，头一道太阳光一出现她就会灭亡。这时，她的姐姐们从波涛中出现了。

“我们已经把头发交给了那个巫婆，请求她帮助你。她给了我们一把刀子。她说，在太阳没有出来以前，你把它插进那个王子的心里去。当他的热血流到你脚上时，你的双脚将会又连到一起，成为一条鱼尾，你就可以恢复人鱼的原形，你就可以回到我们这儿来。这样，在你没有变成无生命的泡沫以前，你仍旧可以活过你三百年的岁月。快动手吧！在太阳没有出来以前，不是他死，就是你死了！”说完，姐姐们不见了。

小人鱼掀开紫色的帷幕，看到那位美丽的新娘把头枕在王子的怀里睡着了。她向尖刀看了一眼，然后又把目光转向王子。刀子在小人鱼的手里抖动着。忽然，小人鱼把刀子远远地向浪花里扔去。刀子沉下去的地方，浪花发出一道红光，好像有许多血滴溅出了水面。小人鱼最后模糊地看了一眼王子，然后跳到了海里，她觉得她的身体在一点点融化成为泡沫……

此刻，大海上升起了一轮红日，阳光柔和而温暖地照在这些泡沫上，小人鱼看到光明，看到海上飞翔的小鸟、船上的白帆和天空的云朵，而且觉得自己正渐渐地从泡沫中升起来。

你知道吗？由于小人鱼有过美好的追求，特别是在关键时刻表现出的善良，她并没有从世界上消失，她已经超生到精灵的世界里了。

童话是美的，给了小人鱼一个圆满的结局，虽然没有和所爱的人一起生活，但她却获得了精神上的永生。

现实比童话更美，这样唯美的童话并不仅仅存在于虚构的文学世界中，林徽因的终身挚友——金岳霖也是一个对爱有着执着追求的人，他和林徽因之间也有一个美丽的故事。

真实的金岳霖又是什么样的人？

在事业上，张申府曾经说过，“在中国哲学界，以金岳霖先生为第一人”，他早年毕业于清华大学，然后又留学美国、英国，游学欧洲各国，回国后主要执教于清华大学和北京大学。金岳霖从小就绝顶聪明，小时候，有一次竟然在梦中背四书；他很小的时候，就考进了清华。到美国后，他服从家里的意见选择了商科，后来他发现自己的兴趣不在这里，于是就到了哥伦比亚大学改学政治学，他仅仅用了两年的时间，在25岁的时候，就获得了博士学位，之后在美国任教，后来又去周游欧洲，在那里，他开始对逻辑学感兴趣，从此开始了毕生的事业。

回国后，他在清华大学哲学系当主任，这是个微型的院系，只有他一个老师，教着一个学生，这个学生的名字叫作沈有鼎，那个时候，金岳霖只有30多岁，是他把逻辑学这个全新的学科引进中国的。有人说，中国只有三四个分析哲学家，金岳霖是第一个。眼界极高的张申府则说：“如果中国有一个哲学界，那么金岳霖当是哲学界之第一人。”

他的意思是，20年代金先生归国后，哲学界人物中像金先生那样对西方哲学有较深入的了解、并能做出世界水平的研究成绩的人，是前所未有的，王浩、冯契、沈有鼎、殷海光等著名学者皆出于金岳霖门下，可见他在学术上大师的地位。

由于一直生活在海外，他的生活相当西化，一米八的个头，西装革履，仪表堂堂，具有绅士风度。他很有孩子气，酷爱养大斗鸡，屋角还摆着许多蛐蛐缸。他吃饭的时候，大斗鸡也摇头摆尾地伸脖啄食桌上菜肴，他竟然也毫不在乎，与鸡和平共处，一起就餐。

他的眼睛怕光，于是，长年戴着像网球运动员戴的一圈大檐儿帽子，连上课也不例外。

在生活上，王晓渔眼中的金岳霖是个孩子气很重的人，他说：“金岳霖先生是一个顽童哲学家，不管在别人的回忆文章还是他自己的回忆录里，他都是一个天真汉的形象。”

冯友兰的评语是：“道超青牛，论高白马。”青牛指老子，白马指公孙龙，他认为金才是真正深得魏晋风流的人物。

俗话说大智若愚，金岳霖有很多的逸闻趣事，他经常闹出一些笑话，有时居然会把自己的名字忘记。有一回他给陶孟和打电话，陶家的仆人问：“您是哪位？”他竟然忘记名字了，张口结舌回答不上来，只好硬着头皮说：“你不要管，请陶先生接电话就行了。”但那个仆人不答应，他便又请求了好几次，还是不行。于是他跑去问给他拉洋车的王喜，很有意思的是，王喜也不知道他的名字。

金岳霖着急了，问道：“你有没有听别人说过我？”

王喜想了半天才想起来：“我听见人家都叫金博士。”

金岳霖喜出望外，原来姓金啊。

学生们非常喜欢他，因为他很风趣，幽默，当年在西南联大的时候，有一回学生请他讲小说与哲学的关系，他讲完后得出一个结论：小说与哲学没有关系。

像金岳霖那样优秀的人，竟然终生未娶，因为他心有所属，那就是林徽因。

1931年，金岳霖在徐志摩的引荐下，见到了京城“四大美女”之一，也是徐志摩一直心驰神往的林徽因。

自从徐志摩介绍他认识林徽因之后，他便不可救药地爱上了她，乃至心心相印，生死相随。只可惜林已为人母，金岳霖清楚林徽因与梁思成感情很好，不忍心插足，便决定以理智克制感情，终生独身，潜心研究学问。金岳霖在文章中写道：

梁思成、林徽因是我最亲密的朋友。从1932年到1937年夏，我们住在北总布胡同，他们住前院，大院；我住后院，小院。前后院都是单门独户。20世纪30年代，一些朋友每个星期六有集会，这些集会都是在我的小院里进行的。因为我是单身汉，我那时吃洋菜。除了请了一个拉东洋车的外，还请了一个西式厨师。“星期六碰头会”吃的咖啡冰激凌、喝的咖啡都是我的厨师按我要求的浓度做出来的。除早饭在我自己家吃外，我的中饭、晚饭大都搬到前院和梁家一起吃。这样的生活维持到“七七事变”为止。抗战以后，一有机会，我就住在他们家。他们在四川时，我去他们家不止一次。有一次我的休息年是在他们的李庄家过的。抗战胜利后，他们住在新林院时，我仍然同住，后来他们搬到胜因院，我才分开。我现在的家庭仍然是梁金同居。只不过是我虽仍无后，而从诫已失先，这一情况不同而已。

1932年，林徽因、梁思成夫妇结识了美国朋友费正清和费慰梅夫妇，他们两家恰巧住在同一条胡同里，费正清说："中国对我们产生了巨大的影响，而梁氏夫妇在我们旅居中国的经历中起着重要作用。"

那个时候，林徽因只有20多岁，是个年轻美丽的少妇，与梁思成幸福地生活在一起，家里还有可爱的孩子。

有时，费正清夫妇一起到梁家去，见林徽因和梁思成在"太太客厅"朗诵中国的古典诗词，那种抑扬顿挫、有板有眼的腔调，直听得客人入了迷。而且，他们还能将中国的诗词和英国诗人济慈、丁尼生或者美国诗人维切尔·林赛的作品进行比较。

费正清曾和林徽因夫妇谈起了哈佛广场、纽约的艺术家及展品、美国建筑师弗兰克·劳埃德·赖特、剑桥大学巴格斯校园。由于费慰梅有修复拓片的爱好，因此与林徽因夫妇更有共同的语言了。

费正清所著《费正清对华回忆录》曾经记录道：

我们在中国（或者在别的地方）最亲密的朋友便是梁思成和他的妻子林徽因，他们是两个把中国的文化传统和盎格鲁-撒克逊的文化传统结合起来的人。要客观描述非常亲密的朋友倒不是容易的。中国对我们产生巨大的影响，而梁氏夫妇在我们旅居中国的经历中起着重要的作用……

有几件事情影响了他们的生活，并且使我们结成了朋友。首先，他们是我们在北总布胡同邻近的一户人家，在我们这条街的尽头靠近紫禁城的东城墙，非常容易跟他们接近。他们一家人包括梁夫人的母亲、一个小女孩叫宝宝，还有一个小男孩。梁家穿过一个花园就与金教授家毗连。

林徽因、梁思成夫妇家里几乎每周都有沙龙聚会，金岳霖孑然一身，无牵无挂，始终是梁家沙龙座上常客。他们文化背景相同，志趣相投，交情也深，1932年，徐志摩去世后，金岳霖把家搬到北总布胡同三号“择林而居”，梁氏夫妇住大的前院，老金住小的后院，前后院都单门独户，两家之间的来往更密切了，用金岳霖的话来说：“一离开梁家，就像丢了魂似的。”他一直与梁家毗邻而居，仿佛是梁家的一分子。

因为投缘，金岳霖平时就走动得很勤快，偶尔不在一地，例如抗战时在昆明、重庆，金岳霖每有休假，总是跑到梁家居住。

金岳霖对林徽因人品才华非常赞赏，林徽因对他也是十分钦佩敬爱，他们之间心灵相通，互相欣赏，日久生情，也是人之常情，但他们之间更多是发乎情而止于礼。

30年代初，梁思成从外地考察回家，林徽因忧伤地对他说：

“我苦恼极了，因为同时爱上了两个人，不知怎么办才好。”林徽因此刻的神情一点儿也不像一个妻子，却像个小妹妹在向哥哥讨主意。梁思成一夜未眠，第二天，他把自己的想法告诉了妻子：“你是自由的，如果你选择了老金，我祝愿你们永远幸福。”

林徽因后来又将这些话转述给了金岳霖，金岳霖回答：“看来思成是真正爱你的，我不能伤害一个真正爱你的人，我应该退出。”

那一刻，他真正选择了放弃，不再打扰他们二人的世界。

从那以后，他们三人毫无芥蒂，金岳霖仍旧跟他们毗邻而居，相互间更加信任。

这个故事，听起来很感人，但仅仅只是个故事而已。林徽因一直是人们瞩目的焦点，有很多仰慕者，聪明的林徽因处事非常得体，她的家庭生活幸福，又有毕生献身的事业，她怎么可能叫梁思成受到任何的伤害？况且梁思成也是她最得意的作品之一，正是她的缘故，梁思成才知道了建筑，并且终身为之奋斗。

为了心爱的建筑事业，两个人走遍了欧洲，又走遍了中国的大山名川，遍访各地古老的建筑，他们的生活和事业，早就融合成了一个整体。当听说辛苦多年整理的工作资料在天津保险箱里被洪水冲没，他们心急如焚，忍不住抱在一起失声痛哭。他们一生相依为命，相扶立事，两人目标是如此完美地结合在一起，永不分离。

理性的金岳霖永远是他们最好的朋友、亲人，是他们夫妻最信任的人，甚至梁思成和林徽因吵架，也是找理性冷静的金岳霖仲裁，他们相信老金非常公平，不会偏袒任何人。

善良幽默的老金的存在，给梁氏夫妇的生活带来了很多乐趣。有一次，老金突发灵感，写了一副对联送给夫妇俩：梁上君子，林下美人。

梁上君子是小偷的代名词，指的是躲在梁上的人，本来是贬义的。因为梁思成是搞古建筑研究与保护的，经常要在屋顶测量，所以，就称他为“梁上君子”。梁思成听了后，不但不生气，反而高兴地说：“我就是要做‘梁上君子’，不然怎么能打开一条新的研究道路，岂不是纸上谈兵了吗？”

然而林徽因对赞誉之词并不领情，她说，“什么美人不美人，好像一个女人没有什么事可做似的。我还有好些事要做呢！”金岳霖听了，大为佩服，连连鼓掌。

得到上天宠爱的林徽因，自然是美的，但她从不把自己当花瓶看，外表柔弱的她，心里却有远大的志向，不甘平庸，一心要做个有用之才。

七七事变后，金岳霖和梁思成、林徽因夫妇先后来到了昆明，老金在西南联大任教，梁氏夫妇继续经营他们的中国营造学社，在多数时间内他们仍住在一起。抗战胜利后，老金和梁氏夫妇返回北平，三人在清华大学成了同事。终身不娶的金岳霖（字龙荪）与清华园中另外两个著名的单身汉陈岱孙和叶企孙并称为“清华三荪（孙）”。

在金岳霖和林徽因的心中，始终有一份柏拉图式的情感存在，但他们以礼相待，让心中那份情感成为彼此生命中最美好的守望，心有灵犀而不在乎是否拥有。

遗憾的是，1955年4月1日，林徽因早逝，终年51岁，金岳霖也失去了自己最挚爱的精神伴侣。

金岳霖除了养鸡之外，还喜欢养蟋蟀，早年他养蟋蟀是为了斗蟋蟀，但是晚年他养蟋蟀是为了在夜深人静的时候，听它们的鸣声，为静寂的屋子增加几分生气。可惜，蟋蟀永远没有办法像林徽因那样理解金岳霖，只有林徽因是他真正的知己。

许多史料和传记作品在介绍金先生的婚姻状况时，大都有“金岳霖终生未娶”之类的话，以此来衬托金先生对林徽因的痴情，但真的是这样吗？

杨步伟（著名语言学家赵元任夫人）在《杂记赵家》曾写道，1924年杨步伟与赵元任在欧洲旅行时，遇见过金岳霖。其时，金正在欧洲游学，有个外国女朋友，她的中文名叫秦丽莲，是金在美国认识的一位小姐，与金一起来到欧洲。

1925年，金岳霖回国，秦丽莲也随之来到中国。她倡导不结婚，但对中国的家庭生活很感兴趣，愿意从家庭内部体验家庭生活。1926年，经赵元任介绍，金岳霖到清华教逻辑。金岳霖不住在清华，而是与秦丽莲一起住在北京城里，金岳霖虽然没有结婚，但是同居的事还是有的。

杨步伟的这本《杂记赵家》是部回忆录式的小册子，她在书中还讲了一件关于金岳霖的趣事。

20年代末在北平时，金岳霖来电话请杨步伟进城，说有要紧的事相托。杨问什么事，金不肯说，只说来了就知道，越快越好，事办好了请吃烤鸭。

杨步伟是位妇产科医生，她以为是秦丽莲怀孕了，连忙说犯法的事情可不做。金回答说大约不犯法吧。杨步伟和赵元任这才将信将疑地进了城，到金岳霖家时，秦丽莲来开门，杨步伟还死劲地盯着她的肚子看。进门以后，杨才知道不是人而是鸡的事。金养了一只鸡，三天了，一个蛋生不下来。杨步伟听了，又好气，又好笑。把鸡抓来一看，原来金经常给它喂鱼肝油，以至鸡有十八磅重，因此鸡蛋下不下来，但是已有一半在外面，杨步伟一掏就出来了。

金岳霖一见，赞叹不已，为了表达感激之情，他们一起去烤鸭店吃烤鸭。

林徽因英年早逝，金岳霖悲痛万分。正好他的一个学生到办公室看他，金先生不说话，后来突然说，“林徽因走了”！一边说，一边就撕心裂肺地号啕大哭。几分钟后，才慢慢地停止哭泣。他擦干眼泪后，安静地坐在椅子上，目光呆滞，一言不发，林徽因的离去把他的心也带走了。

在林徽因的追悼会上，有许多亲朋好友送的挽联，但最令人瞩目的是出自金岳霖的手笔：一身诗意千寻瀑，万古人间四月天。四月天是人间最美好的季节，佳人已去，但是她曾经的每一天都是金岳霖最美好的记忆。

许多年后，梁思成和另一女子结婚，重回二人世界，而金岳霖还是独身一人。一日，他出面请挚友知交到著名的北京饭店赴宴，没说任何理由。弄了半天，大家还闹不清当天是什么特别的日子。直到开席的时候，金岳霖缓缓地站了起来，说道："今天是徽因的生日。"

周围的人一句话也不说，大家被他的痴情所感动。

梁思成过世后，金岳霖晚年与梁氏夫妇的儿子梁从诫、儿媳方晶、孙女梁帆生活在一起，直至去世。梁从诫和方晶一直称老金为"金爸"，梁帆则叫他"金爷爷"，三代人的故事成了一个传奇。

许多年后，年近九旬的金岳霖在医院中度过最后的时间，有人将林徽因年轻时候的一张旧照拿到了他的眼前。金岳霖忽然来了精神，他的情绪非常激动，大概他以前从未见过这张照片，他仔细地凝视着它，嘴角往下弯，像是要哭的样子。他的喉头微微动着，像有千言万语却说不出来。金岳霖紧紧捏着照片，生怕影中人飞走似的。许久，他才抬起头，像小孩求情似的说道："给我吧！"

金岳霖谈起徐志摩总是很冷静，他说徐志摩是他的老朋友，他认识林徽因还是通过徐志摩引荐的，但徐志摩却很油滑，当然不是指他为人圆滑，而是感情放纵，没遮没拦，金岳霖对他和林徽因之间的感情感到惋惜。

林徽因死后金岳霖仍旧独身，有个金岳霖钟爱的学生，突受婚恋挫折打击，萌生了自杀念头。金岳霖多次亲去安慰，苦口婆心地开导，让那学生认识到：恋爱是一个过程，恋爱的结局，结婚或不结婚，只是恋爱过程中一个阶段，因此，恋爱的幸福与否，应从恋爱的全过程来看，而不应仅仅从恋爱的结局来衡量。最后，这个学生从痛不欲生的精神危机中解脱了出来。

在生命的最后时刻，金岳霖终于一字一顿地说："我所有的话，都应该同她自己说，我不能说，我没有机会同她自己说的话，我不愿意说，也不愿意有这种话。"

（十四）宁静的香山生活

在香山的生活是宁静、温馨的，

家庭生活的美满与友情的温暖滋润她的人生，

这段时间是她一生中最平静和谐的时期。

在清静幽深的山林中居住，

可以同大自然亲近。

夫妻和睦，孩子可爱，

友情真挚，

尤其和徐志摩的再次相遇，

使得林徽因的内心充满了喜悦和温情。

一切都那么美好，这激起了她写诗的灵感。

结庐在人境，而无车马喧。

问君何能尔？心远地自偏。

采菊东篱下，悠然见南山。

山气日夕佳，飞鸟相与还。

此中有真意，欲辨已忘言。

也许，人们能够在某个时刻，进入一个纯然平和的、忘却人生所有困扰的境界，虽然这并不会成为任何人的全部人生，但有这样一段生活，也是充满着诗意的人生。

1931年夏天，林徽因到香山上的双清别墅养病，梁思成和梁再冰也陪她一同前来，林徽因在香山住了很长时间。

梁思成经常上山陪着她，他把家里的很多藏书也送到山上，但他不想让林徽因过度地看书和写作，于是经常陪着林徽因去山上散步，香山的景色幽静，到处都是苍松翠柏、花草树木，还有竹林清泉、亭台花丛，空气是清新的，生活也是诗意的。居住于此，生活宁静温馨。

美丽的景致叫林徽因的心情非常愉悦，她忘记了多病之躯，如痴如醉地沉浸在自己的世界中。林徽因在香山的生活宁静优雅，也充满了诗意和美感，她的诗情就像春水一般流淌。

如花美眷，似水流年。

林徽因写诗常常是在晚上，清幽的环境、宁静的心绪，是她写诗产生灵感的氛围。林徽因的堂弟林宣回忆，她写诗的时候一定要“点上一炷清香，摆一瓶插花，穿一袭白绸睡袍，面对庭中的一池荷叶，在清风飘飘中，吟哦酿制佳作”。

林徽因对自己的装束非常得意，也为营造出来的氛围所陶醉，在她心情好的时候，林徽因不免得意地和梁思成开玩笑：“我要是个男的，看一眼就会晕倒。”面对着如此自恋的林徽因，梁思成故意气她：“我并没有晕倒啊！”

对林徽因创作诗歌影响最大的是徐志摩。在伦敦的时候，林徽因就读了很多诗人的作品，深受影响，后来与徐志摩的相遇，使她有了诗歌创作的灵感。

不久，徐志摩来到了北京。他到北京后的第二天就去拜访林徽因。曾经深爱过的林徽因，给了他新的期待。他们发现，曾经的感情没有随着时间空间而发生变化，他们仿佛又回到了从前，时间带走的只是岁月，带不走的是那份感情，那份浓烈的感情丝毫不会被时间所稀释。

“曾经沧海难为水，除却巫山不是云”，在北京，徐志摩遇见了多年未见的林徽因，这是他们久别后的再一次相遇，也是他们生命中的第三次相聚。

经过了前两次相遇，他们的第三次相遇变得平和许多。虽然感情依旧，但此时更多的是亲情，经过岁月的沉淀，他们已经融入了彼此的内心深处，诗歌成了他们之间交流的媒介，他们成了知音。

徐志摩是香山上的常客，他经常上山，陪着林徽因谈论诗歌，两人有种心灵交互的满足，仿佛又回到了多年前的康桥，林徽因将他的情感视为“富于启迪的友谊和爱”。

那段时间，两个人都已经各自成家，但各自的婚姻却完全不一样。

这时候徐志摩的生活有很多不顺利，他付出巨大代价得到的婚姻，如今已经千疮百孔了，当年狂热的感情冷淡下来，就如花开的灿烂之后就是花谢的狼藉，留给他的是伤痕累累。

结婚后的现实，叫他感到非常的失落。两个人发现彼此之间有很多尖锐的冲突，小曼的大手大脚使他捉襟见肘，整天为生活疲于奔命，现实婚姻中所有的一切，都与当初两人心中那场理想的爱情相距甚远。当年徐志摩为了和他理想中的伴侣陆小曼在一起，甘愿冒着天下之大不韪，顶着来自家庭、社会、朋友的巨大压力，去追求期待中的爱情。

徐志摩父亲激烈反对，自从他与张幼仪离婚后，父亲就不再承担他的一切开销，彻底断了徐志摩的经济来源。

陆小曼是个从小就被宠坏的任性孩子，单纯，没有那么世故，喜欢就是喜欢，爱就是爱，她想过自己的生活，要得一人心，白首不相离。为了和徐志摩在一起，她打掉了怀着的孩子，离开了深爱她的丈夫，忍受着世俗的白眼，就像飞蛾投火一般义无反顾。当终于走到一起的时候，他们以为幸福和快乐就像童话一样会到来。婚后，他们也过了几天神仙伴侣般的生活，后来他们在上海定居了，但婚后的生活，却给了这对满怀梦想的年轻人深深的挫败。

成长于富贵人家的小曼，没有金钱的概念，也从来不操心金钱，她花钱如流水，大量购买各种最新潮的发饰、服装，各种各样的新奇玩意儿。她在影剧院里有包厢，吃饭去最贵的西餐厅，经常去夜总会，从来不问价钱，挥霍无度。为了治病，竟然抽上了鸦片，在毒品的麻醉下，醉生梦死，消磨着无聊的时光。

虽然徐志摩教学的收入可以保证他们过上很舒服的生活，但却抵不过小曼的挥霍无度。徐志摩本来也是个富家子弟，不为金钱操心，但自从娶了小曼后，就开始为家里总是还不完的账单而发愁，因为沉重的经济负担就像在徐志摩的肩头压上了一座大山，他整天就像陀螺一样转个不停。为了挣更多的钱，他只好离开上海去了北京，在三所大学里兼职授课，课余就写作诗文，甚至还做起了房屋买卖的中介。在北京的时候，他寄住在朋友胡适家，吃住的花销都要攒下来寄给陆小曼。

沉重的负担叫他发愁，他经常往返于上海和北京之间，每次见到小曼都劝她节省花销，离开上海，到北京和他一起找份工作，过上稳定正常的生活。

但小曼对此非常绝望，因为徐家看她不会理财，身体不好，行为轻浮，也没有为徐家生下孩子，最后干脆不和她来往了。

张幼仪却很善于处理和徐家的关系，又给徐家生了一个孙子，所以徐家一直把她当作自家人看待。这对小曼来讲无疑是个致命伤害。

张幼仪在晚年曾经说过："中国家庭是由父母掌权，因此一个女人和她姻亲之间的关系，尤其是和婆婆之间的关系，往往比她和丈夫之间的关系来得重要。”此言可谓入木三分，遗憾的是，小曼和婆家的关系非常紧张，一直没有得到婆家的认可。

婚后，在各种压力之下，两人之间的争吵越来越多，再也没有当初恋爱时的甜蜜和谦让。徐志摩由希望的山巅坠向了失望或者可以说是绝望的渊谷，精神日益消沉。

不知道他是否后悔当年的那场恋爱？在徐志摩的诗里，恋爱是这样无可奈何，他搞不明白，恋爱到底是怎么一回事，他不明白，当年那场美丽的爱情，如今在严酷的现实下，为何变成了这般模样。他不由得问自己，恋爱到底是什么一回事，却百思不得其解。

志摩一再迁就，也曾委婉地劝解过小曼，志摩说：“我对你的爱，只有你自己知道，前三年你初沾上恶习的时候，我心里不知有几百个早晚，像有蟹在横爬，不提多难受。但因你身体太坏，竟连话都不能说，我又好面子，要做西式绅士的，所以至多只是短时间绷张一个脸，一切都忧在心里……招惹了不少浮言，我亦未尝不私自难受，但实因爱你太深，不惜处处顺着你……”

然而，一切都无可挽回了，小曼沉溺于毒品不能自拔。鸦片消磨了她的意志，侵吞了她的心智，小曼沉醉在鸦片烟的享受中，她的才华和聪明全让鸦片害了，她在鸦片烟的升腾中虚度终日，好像变成了另外一个人，徐志摩看在眼里，疼在心里，他真的不甘心小曼就此这样堕落下去，但却又无能为力。

胡适知道了志摩的情况，很担心，胡适知道徐志摩是个理想主义者，生怕他被现实所毁掉，便邀请他到北京做事。徐志摩也对上海的生活厌倦了，于是，应胡适的邀请北上任北京大学教授，他要换一种生活，把疲惫的心放空一下，他希望小曼也能和他一起去北京开始新生活，远离灯红酒绿的一切，但小曼却执意留在上海，徐志摩只好孤身前往。于是他们夫妻两个一个在南，一个在北，最初的浓情被遥远的距离稀释了。

此时，北上的徐志摩遇见了他一生的知音——林徽因，他灰暗的生命又出现了一道亮光。

在人世间，每个人都是孤独的游子，总在不断地寻找自己的影子，期待心灵的沟通与倾诉，渴望感情的交融，徐志摩发现林徽因就是自己一直在寻找的影子。山间石多真金少，世上人稠知音稀，人生最难寻觅的是知己。知己是很了解你的人，他可以透视你的思想；知己是你完全信赖的人，你愿意在他面前展露你的灵魂。知己也是彼此心灵的契合，一种深层次的感应、感悟和感动。

知己是恰到好处的理解、真诚可贵的包容和彼此守望的关爱。眼神中的灵犀、微笑里的默契，就像淡淡清茶却又如千年陈酿那般令人惬意、畅快和回味无穷。

琴瑟相通为知音，心腹相通为知心，肝胆相照为知己。人生中最难寻觅的是知己，知己可遇不可求，佛说：前世的500次回眸，才换来今生的擦肩而过。那种知己之恋不知道前世要修炼多少年，有多少次的回眸？

山青青，水碧碧，

高山流水韵依依。

一声声如泣如诉如悲啼，

叹的是人生难得一知己，

千古知音最难觅……

林徽因的影子一直在徐志摩的心中挥之不去，上次一别，两个人相隔万里，音信缥缈，徐志摩就把那段美好的感情珍藏在内心的最深处，他小心地守护着心中纯洁的乐土，让它不再被世俗所打搅。怀着美好理想的浪漫诗人，被无情的现实耗尽了所有的热情，理想的婚姻被现实折磨得千疮百孔。与林徽因再次相遇后，处于巨大苦闷中的徐志摩发现，虽然许多年过去了，但林徽因依旧是他的知音，她能理解他，给他心灵上的安慰。他觉得，眼前的徽因不再是那个不谙世事的小姑娘，她的身上开始有一种善解人意的气息，她变成了一个成熟的少妇，豁达，温暖，让人不自觉地想要倾诉。徐志摩曾经说过，只有林徽因才能够叫他的灵魂真正地释放，因为只有她才可以抚平所有的伤痕。虽然多年不见，但两个人却仿佛从未走远。

徐志摩经常到四合院中向徽因倾诉心里的烦恼，他抱怨说：“我是不是太过于理想化了？我总是感到孤单，即使和她在一起，我也不能感到自己是快乐的。有时仔细想一想，也许我想要的生活并不存在于这个世界上。”

徐志摩和陆小曼的生活非常不开心，他很悲观，感觉这一生不会再有幸福了，天真诗人的理想，在无情现实的面前，被打击得粉碎。曾经美丽的爱情为什么在现实面前变得黯淡无光？

林徽因静静地听着，最后安慰说：“生命的意义还存在于生命的过程，无论是痛苦还是欢乐，总比麻木不仁、死气沉沉地活着要好。不要把生活想得过于理想化，爱情不总是风花雪月诗情画意，柴米油盐的平凡才是组建家庭的本来模样。但是，小曼这个样子，终究不是长久之计，你还是应该早日让她离开上海才好。”

徐志摩的痛苦浮躁的心被林徽因净化了，他发现，林徽因是如此的理智，迷惑多时的他，被林徽因的几句话点醒了。

这次重逢后，徐志摩对生活又有了希望，仿佛在阴暗的冬天，吹来了一阵微风，又如久旱的田野，得到了春雨的滋润，他感到被现实压抑而枯萎许久的诗又开始涌出。

一天，徐志摩与张奚若夫妇到山上看林徽因，她很高兴，经过一段时间的静养，她精神好了很多，自我打趣道：“这段日子，我长了三磅，脸也被晒红了，以后可以直接去扮演印度女人了。”徐志摩说："那也一定是个印度美人！"

林徽因听后，很开心，为大家读了一首她的新作《一首桃花》：

桃花，
那一树的嫣红，
像是春说的一句话：
朵朵露凝的娇艳，
是一些
玲珑的字眼，
一瓣瓣的光致，
又是些
柔的匀的吐息；
含着笑，
在有意无意间，
生姿的顾盼。
看，——
那一颤动在微风里
她又留下，淡淡的，
在三月的薄唇边，
一瞥，
一瞥多情的痕迹！

徐志摩对此赞不绝口，他说："徽因的诗，佳句天成，妙手得之，是自然与心灵的契合，又总能让人读出人生的况味。"

张奚若说："几日不见，徽因真的是当刮目相看了！写诗写得如此境界，真是别有一番滋味啊！不错不错！"

听了这些，林徽因很开心。那天，大家陪着徽因聊到很晚，尽兴而归。

在徐志摩给陆小曼的信中，他提到林徽因怀孕的事："星二徽因山上下来，同吃中饭，她已经胖到九十八磅。你说要不要静养，我说你也得到山上去静养，才能真的走上健康的路。上海是没办法的。我看样子，徽因又快有宝宝了。"

对林徽因的安逸幸福生活，徐志摩心生羡慕，他多么希望家里也有新生命的出生啊，也许新生命的到来，会缓解两人之间的矛盾。可他这些话，就像针一样扎到陆小曼的心上，小曼有苦说不出，当初她为了和徐志摩在一起，打掉了还没有出生的孩子，手术非常不顺利，她受了很大的罪。从那以后，她就失去了做母亲的权利，这是小曼永远的伤。但徐志摩并不知道小曼无法做母亲，他并不知道为了和自己在一起，小曼所付出的巨大代价，所有的苦，小曼只能独自品尝。

在香山的生活是宁静、温馨的，家庭生活的美满与友情的温暖滋润着她的人生，这段时间是她一生中最平静和谐的时期。

在清静幽深的山林中居住，可以同大自然亲近。夫妻和睦，孩子可爱，友情真挚，尤其和徐志摩的再次相遇，使得林徽因的内心充满了喜悦和温情。一切都那么美好，这激起了她写诗的灵感。

在香山的这段时间，林徽因开始了诗歌的创作之路。这段日子，应该是林徽因诗作最多的一年，有《激昂》《莲灯》《山中一个夏夜》《中夜钟声》《秋天，这秋天》《别丢掉》等。她用诗人的笔，描绘了一个诗意的世界，这个世界是如此的温馨美好，令人神往。

林徽因敞开了内心的世界，倾诉一段虽已逝去但仍萦绕在心的神圣、纯洁的情感，剪不断、理还乱，有惆怅，有欢乐，有感慨。曾经的回忆是甜蜜的，那段美丽的康桥之恋，那段被康桥的柔波与夕阳见证过的恋情，虽然被现实阻碍，却一直留在林徽因的记忆里，那段感情已经成了过去，记忆却是如此的美好。

许多年过去了，当年从康桥滋生的浓烈化不开的爱情，变成了平静温和的友情，一切都是风轻云淡，此时的林徽因娴静，淡泊，过着平静、温馨的生活，她和梁思成比翼双飞，日子充实而又忙碌。

香山的生活是宁静的，林徽因仿佛进入了梦乡。

徐志摩默默地在她的身边，远远地注视着她，不忍心去打扰在睡梦中的林徽因，不知道她的梦中是否有康桥的梦，他只想化作山中的轻风，带着美梦轻轻飞过，飞到她的身边，给她带去花香，叫她的睡眠更加甜美，不会惊扰她的美梦。在山中，林徽因在安静的生活中，细细反思人生，所谓的人生就是玲珑的生与从容的死，是个飘忽的过程，是个美丽的梦，她不愿意在梦中醒来。徐志摩给林徽因的最后一首诗也是最直接的表白，这是一首让人温暖的小诗。金岳霖读完后，也认为这是徐志摩最好的诗作之一：

你去，我也走，我们在此分手。
你上那一条大路，你放心走，
你看那街灯一直亮到天边，
你只消跟从这光明的直线！
你先走，我站在此地望着你，
放轻些脚步，别教灰土扬起，
我要认清你的远去的身影，
直到距离使我认你不分明。
再不然我就叫响你的名字，
不断地提醒你有我在这里
为消解荒街与深晚的荒凉，
目送你归去……
不，我自有主张，
你不必为我忧虑；你走大路，
我进这条小巷，你看那棵树，
高抵着天，我走到那边转弯，
再过去是一片荒野的凌乱：
有深潭，有浅洼，半亮着止水，

在夜芒中像是纷披的眼泪；
有石块，有钩刺胫踝的蔓草，
在期待过路人疏神时绊倒！
但你不必焦心，我有的是胆，
凶险的途程不能使我心寒。
等你走远了，我就大步向前，
这荒野有的是夜露的清鲜。
也不愁愁云深裹，但须风动，
云海里便波涌星斗的流汞。
更何况永远照彻我的心底，
有那颗不夜的明珠，我爱你！

一句我爱你，超越了年轻时候的激情，也超越了男女之间浪漫的幻想，徐志摩此时已经正视两个人各奔东西的现实，虽然人生不可预测，但也要继续前行，把爱情永远深藏于内心的深处，变为漫长人生之路的温暖，对她怀着最深的祝福，祝福她的人生美满幸福。

把那段感情视为人生最宝贵的记忆，在内心深处为她留下一个空间，把她视为终身的朋友。这首诗里，更多的是祝福，徐志摩对林徽因满满的深情，叫人感动，叹息。

世上没有不透风的墙，也许他们之间走得太近了，各种传闻开始出现，很快就传到陆小曼那里，她非常不开心。

徐志摩外貌英俊，富有才华，是女人心中的偶像，有很多红颜知己。陆小曼对徐志摩和其他女人之间的交往，早已司空见惯，徐志摩同时和几个女人密切来往，陆小曼一概不管，但对于林徽因，她却非常在乎。她不希望两个人的交往过多，陆小曼曾经告诉过徐志摩：“你跟任何女人的交往都不必瞒我，我无所谓，毫不干扰。唯独林徽因，你毫不可跟她再有接触。只要让我知道你跟她还有来往，我毫不允许。诚实讲，我是要吃醋的。”

陆小曼说：“志摩完全知道我跟他讲的这番话是认作数的。所以他跟别的任何女人的交往，全都肆无忌惮，从不避我、瞒我，只是林徽因的往来，则对我讳莫如深。”

虽然有陆小曼的话，但徐志摩还是断不了和林徽因的交往，他们依旧是最亲近的朋友。

（十五）永恒美丽的爱

徐志摩走的时候，正值林徽因最美的盛年，

那一年，林徽因27岁，

她就像一朵怒放的鲜花，璀璨明亮，吸引着诗人的目光，

他一刻都没有想到过会离去，

所以他的爱，真正做到了至死不渝，

给人间留下了永恒的童话，

给后人留下了美丽的故事，

徐志摩的爱是唯美的。

徐志摩对林徽因说："我正要告诉你们呢，我通过朋友的关系，可以免费搭乘从北京飞往南京的邮政班机，这样既经济又省时间，只是时间不能自己安排，航空说什么时候走就得什么时候走。"

听了这话，林徽因非常担心徐志摩的安全，反复劝说不要坐飞机，因为坐邮政班机很不安全，但徐志摩却没有放在心上。

看见林徽因、梁思成幸福的生活，再想想自己目前为了满足小曼的虚荣和奢侈，为了家庭的生计四处奔波的凄凉，徐志摩非常感

慨。他不甘心这段来之不易的婚姻就这样暗淡无光，于是想着给小曼写封信，劝说她开始新生活。

但他却不由自主地提起笔来，把一肚子心里话，向朋友林徽因倾诉："我回家累得直挺在床上，像死人——也不知哪来的累。适之在午饭时说笑话，我照例照规矩把笑放上嘴边，但那笑仿佛离嘴有半尺来远，脸上的皮肉像是经过风腊，再不能活动！……雨下得凶，电话电灯会断。我讨得半根蜡，匍伏在桌上胡乱写。上次扭筋的脚有些生痛。一躺平眼睛发跳，全身的脉搏似乎分明的觉得。再有两天如此，一定病倒——但希望天可以放晴。思成恐怕也有些着凉，我保荐喝一大碗姜糖汤，妙药也！宝宝老太都还高兴否？我还牵记你家矮墙上的艳阳。此去归来时难说完，敬祝山中人'神仙生活'，快乐康强！"

1931年11月10日下午，徐志摩告诉林徽因，他最近要回一次上海，但是时间定不下来，徐志摩随意地开着玩笑："时间不定，是否也预示着此去存亡不卜啊？"

林徽因听后赶紧劝道："我和思成始终觉得坐飞机不甚安全，不如改坐火车吧。"谁知道，徐志摩却毫不在意地说："你放心吧！我还留着生命看更伟大的事迹呢，不会出事的。小曼最近总是来电报催促我回去，坐飞机总是省些时间！"

看着徐志摩如此坚持，林徽因不好再多说了，最后徐志摩和林徽因约好，在星期三那天，也就是19日晚上之前返回北京，参加林徽因在协和礼堂专门给外国使节举办的关于中国建筑的讲座。

在11月19日中午，梁思成和林徽因收到了志摩在南京登机前发出的电报："下午三点抵达南苑机场，请派车接！"

然而，梁思成却没有如约在机场上等到徐志摩。

下午，思成亲自开车去接，机场人很少，天气阴沉，秋风横扫，空旷的感觉让人有点压抑。等到四点半，也没看见徐志摩的班机抵达机场，梁思成四处打听，也只得到了济南附近有雾，飞机可能不能准时起飞的消息。无奈之下，思成只好先回家了。

晚上，协和礼堂灯火通明，座无虚席，各位驻华使节和专家如约坐在礼堂里，听林徽因关于中国古典建筑的讲座。

当林徽因走向讲台时，所有观众都被她优雅的气质所吸引，全场鸦雀无声，大家充满了期待。林徽因微微一笑，用英语讲述了一段精彩的开场白："女士们，先生们！建筑是全世界的语言，当你踏上一块陌生的国土的时候，也许首先和你对话的，是这块土地上的建筑。它会以一个民族所特有的风格，向你讲述这个民族的历史，讲述这个国家所特有的美的精神，它比写在史书上的形象更真实，更具有文化内涵，带着爱的情感，走进你的心灵。"

她刚说完，全场就爆发了一阵热烈的掌声，林徽因的目光扫视着全场，但她却没有看到最期待的人——徐志摩。他为什么没来？难道有什么重要的事耽搁了？有什么重要的事能阻止他的到来？

她的心里有种不安的感觉。演讲结束后，夫妻两人向所有的人道别，然后赶紧回家，却没有得到徐志摩的消息，向胡适打听，也没有结果，大家心里非常焦急，为徐志摩担心，迫切希望知道他的情况。

徐志摩是在11月11日回到上海的，他想着好好和小曼谈谈，劝说她离开灯红酒绿的上海，不再过醉生梦死的生活，和他回到北京，开始新的生活，虽然两人之间有过很多争吵，徐志摩依旧期待着未来的新生活。但是在他满怀期待回到家中的时候，迎接他的却不是夫妻之间久别重逢的甜蜜。陆小曼根本听不进他的劝说，反而觉得志摩很啰唆，两个人发生了最激烈的争吵。

吵完架后，徐志摩非常伤心，他对陆小曼更加失望，不知道两人是否还有未来，他一气之下，跑到朋友家里住下。

18日早晨，徐志摩到了南京，去张歆海夫妇家拜访，在这里他见到了杨杏佛。大家看见徐志摩裤子上的破洞，非常吃惊。人们想象不到，一个生来富贵、花钱如流水的公子哥，怎么竟然能穿成这样穷酸。

只有徐志摩知道，由于陆小曼花钱如流水，家里的经济非常紧张，他拼命地挣钱，也不够小曼的消费，他非常疲惫，却又无可奈何。然而家丑不可外扬，这样的事，徐志摩是不能告诉朋友们的，他只好找了一个自认为天衣无缝的解释："还不是为了赶火车来看望你们？早上起得太匆忙，仓促之中随便穿了一条裤子，没有注意形象。”

朋友们并不知道，那个不食人间烟火的浪漫诗人，此时已经堕入凡尘之中，竟然穿着带着洞的破衣服为小曼奔走，不惜耗尽一切为她抵挡风雨，然而却无法挽回两人之间曾经的感情。

朋友们不再问了，大家换了一个话题，有人问徐志摩：“明天的飞机安全不安全？驾驶飞机的是中国人还是外国人？”

徐志摩知道大家为他担心，安慰他们：放心吧，自己的生命线长着呢，有很多重要的事去做，明天会安全的。

杨杏佛问：“你这次坐飞机，陆小曼说什么了吗？”

听了这句话，徐志摩叹了一口气，苦笑着说：她说我要是出了事，她就做个风流寡妇。

杨杏佛说，凡是寡妇都风流。

当时大家感到很幽默，于是都笑起来，当时的他们都没有想到，这是永远的诀别。

19日早上，徐志摩吃过早饭，给林徽因发了一个简短的电报后，就登上了由南京飞往北京的“济南号”飞机。

飞机缓缓地起飞了，徐志摩的心情很好，他曾在散文《想飞》中写过：“飞上天空去浮着；看地球这弹丸在太空里滚着，从陆地看到海，从海再看回陆地。凌空去看一个明白——这才是做人的趣味，做人的权威，做人的交代。”

他喜欢飞起来，让灵魂在星空中遨游，去看浩瀚的宇宙。

“是人没有不想飞的。老是在这地面上爬着够多厌烦，不说别的。飞出这圈子，飞出这圈子！到云端里去，到云端里去！”

这也是他的最后一次飞翔，徐志摩乘坐的飞机，不幸在大雾中迷失了航线，飞机撞上了党家庄的开山顶，因为油箱爆裂，机身燃起熊熊大火，像一只折翼的火鸟，笔直地坠落下来，就像他的文章《想飞》那样：

同时天上那一点子黑的已经迫近在我的头顶，形成了一架鸟形的机器，忽地机沿一侧，一球光直往下注，硼的一声炸响，——炸碎了我在飞行中的幻想，青天里平添了几堆破碎的浮云。

天妒良才。看够了人间的悲欢离合，徐志摩在他人生低潮的时候，终在天空中化成一朵白云，乘风飞去，徐志摩就这样离去了。

20日早，北京的《晨报》刊出一则消息：

京平北上机肇祸，昨在济南坠落！机身全焚，乘客司机均烧死，天雨雾大误触开山。

梁思成和林徽因都看到这张报纸了，他们大吃一惊，急忙赶到胡适家里。没多久，张奚若、陈雪屏、孙大雨、钱瑞升、金岳霖等人都陆续赶到胡适的家中，大家坐在客厅里，默默地为志摩祈祷。还有很多朋友不断地打电话过来询问徐志摩的消息，胡适家里客厅的电话铃声响个不停，都是朋友们打来询问情况的。所有人心里都有一种预感，但又不相信。

消息终于明朗了，出事的正是徐志摩所搭乘的那架飞机。徐志摩的死讯让他的朋友一时之间无法接受，大家面面相觑，徐志摩那么年轻，就像是孩子般天真，怎么能就这样带着他的才华和光芒默默地去了另一个无声的世界？

这个消息对林徽因就像晴天霹雳，没有人像她那样了解诗人对生命的热爱和留恋。多年前康桥边的相识后，诗人一直在她的心里，从来都没有走远，他的声音，他的笑容，依稀还在耳边响起，但转眼之间，就成了永别，林徽因不相信命运的莫测。

那样一个才华横溢的年轻诗人，怎么会这样走了？这不是真的，这不是真的。

林徽因一定要去看他。梁思成劝阻了执意要去现场的林徽因，因为妻子的身体太瘦弱了，他实在不忍心让她去经历那种生离死别的场面。返回北京的时候，思成带回了一片失事飞机的残骸，这是之前徽因再三嘱托的。以后的岁月里，林徽因小心地用黄绫包起来，珍藏着它。

林徽因是坚强的，理智告诉她，徐志摩是真的走了，永远没有音信，没有消息了，他不会再像以前那样，耐心地倾听自己心曲，也不会在客厅里谈论诗歌了。

面对着不可预料的人生，她感到生命的短暂、世事的难料，父亲走的时候，带给她的也是这种剧烈的疼。

徐志摩也走了，带走了她很多的记忆，也带走了她的快乐，更带走了她生命中的激情。

“多少人爱你青春欢畅的时辰，爱慕你的美丽，假意或真心，只有一个人爱你那朝圣者的灵魂，爱你衰老了的脸上痛苦的皱纹。”正值青春貌美的女子，有多少人爱她如花的容颜，但时光如流水，佳人总有会老的那一天，这将是一件悲哀的事。“惟草木之零落兮，恐美人之迟暮。”人们只会听到新人笑，又有谁会听到旧人哭？流光易逝，盛年难再，年轻时的仰慕者，早已不知道身处何方。

张爱玲的《迟暮》中一代才女佳人在容颜如花瓣凋零的瞬间发出“黄卷青灯，美人迟暮，千古一辙”的凄凉哀叹！

年轻的少女，总会以为心上人会一直爱她到天长地久，地老天荒，即使海枯石烂也不会变心，就连她苍老时候的样子也会爱，但真的会这样吗？

岁月如刀，刀刀催人老，电光闪烁间，多少个青春美梦成了过眼云烟，有多少红颜感慨男子的薄情，叹息岁月不饶人。

林徽因也会老去，也会变成一个普通的妇人，不知道那个时候的曾经的爱人，还会如此热烈地爱着她吗？

然而世间的一切都没有定论，徐志摩的诗歌结束在最好的年龄，徐志摩走的时候，正值林徽因最美的盛年，那一年，林徽因27

岁，她就像一朵怒放的鲜花，璀璨明亮，吸引着诗人的目光，他一刻都没有想到过会离去，所以他的爱，真正做到了至死不渝，给人间留下了永恒的童话，给后人留下了美丽的故事，徐志摩的爱是唯美的。

1931年12月7日，志摩遇难半个月之后，林徽因的《悼志摩》发表在了《北平晨报》副刊上，文中倾注了林徽因全部的感情：

十一月十九日我们的好朋友，许多人都爱戴的新诗人，徐志摩突兀的，不可信的，惨酷的，在飞机上遇险而死去。这消息在二十日的早上像一根针刺猛触到许多朋友的心上，顿使那一早的天墨一般地昏黑，哀恸的咽哽锁住每一个人的嗓子。

志摩……死……谁曾将这两个句子联在一处想过！他是那样活泼的一个人，那样刚刚站在壮年的顶峰上的一个人。朋友们常常惊讶他的活动，他那像小孩般的精神和认真，谁又会想到他死？

突然的，他闯出我们这共同的世界，沉入永远的静寂，不给我们一点预告，一点准备，或是一个最后希望的余地。这种几乎近于忍心的决绝，那一天不知震麻了多少朋友的心？现在那不能否认的事实，仍然无情地挡住我们前面。任凭我们多苦楚的哀悼他的惨死，多迫切的希望能够仍然接触到他原来的音容，事实是不会为体贴我们这悲念而有些须更改；而他也再不会为不忍我们这伤悼而有些须活动的可能！这难堪的永远静寂和消沉便是死的最残酷处。

我们不迷信的，没有宗教地望着这死的帷幕，更是丝毫没有把握。张开口我们不会呼吁，闭上眼不会入梦，徘徊在理智和情感的边沿，我们不能预期后会，对这死，我们只是永远发怔，吞咽枯涩的泪，待时间来剥削这哀恸的尖锐，痂结我们每次悲悼的创伤。那一天下午初得到消息的许多朋友不是全跑到胡适之先生家里么？但是除却拭泪相对，默然围坐外，谁也没有主意，谁也不知有什么话说，对这死！……

志摩我的朋友，死本来也不过是一个新的旅程，我们没有到过的，不免过分地怀疑，死不定就比这生苦。“我们不能轻易断定那一边没有阳光与人情的温慰”，但是我前边说过最难堪的是这永远的静寂。我们生在这没有宗教的时代，对这死实在太没有把握了。这以后许多思念你的日子，怕要全是昏暗的苦楚，不会有一点点光明，除非我也有你那美丽的诗意的信仰！

我个人的悲绪不竟又来扰乱我对他生前许多清晰的回忆，朋友们原谅。

林徽因在文中对徐志摩做了很高的评价，他是那样才华横溢，对人一片赤子之心：

诗人的志摩用不着我来多说，他那许多诗文便是估价他的天平。我们新诗的历史才是这样的短，恐怕他的判断人尚在我们儿孙辈的中间。我要谈的是诗人之外的志摩。人家说志摩的为人只是不经意的浪漫，志摩的诗全是抒情诗，这断语从不认识他的人听来可以说很公平，从他朋友们看来实在是对不起他。志摩是个很古怪的人，浪漫固然，但他人格里最精华的却是他对人的同情，和蔼，和优容；没有一个人他对他不和蔼，没有一种人，他不能优容，没有一种的情感，他绝对地不能表同情。我不说了解，因为不是许多人爱说志摩最不解人情么？我说他的特点也就在这上头。

我们寻常人就爱说了解：能了解的我们便同情，不了解的我们便很落漠乃至于酷刻。表同情于我们能了解的，我们以为很适当；不表同情于我们不能了解的，我们也认为很公平。志摩则不然，了解与不了解，他并没有过分地夸张，他只知道温存、和平、体贴，只要他知道有情感的存在，无论出自何人，在何等情况之下，他理智上认为适当与否，他全能表几分同情，他真能体会原谅他人与他自己不相同处。从不会刻薄地单支出严格的迫仄的道德的天平指摘凡是与他不同的人。

对于一生知己徐志摩对理想的追求，林徽因是敬佩的：

他这样的温和，这样的优容，真能使许多人惭愧，我可以忠实地说，至少他要比我们多数的人伟大许多；他觉得人类各种的情感动作全有它不同的，价值放大了的人类的眼光，同情是不该只限于我们划定的范围内。他是对的，朋友们，归根说，我们能够懂得几个人，了解几桩事，几种情感？那一桩事，那一个人没有多面的看法！为此说来志摩的朋友之多，不是个可怪的事；凡是认得他的人不论深浅对他全有特殊的感情，也是极自然的结果。而反过来看他自己在他一生的过程中却是很少得着同情的。不止如是，他还曾为他的一点理想的愚诚几次几乎不见容于社会。但是他却未曾为这个而鄙吝他给他人的同情心，他的性情，不曾为受了刺激而转变刻薄暴戾过，谁能不承认他几有超人的宽量。

林徽因的悼文，写出了徐志摩对艺术的痴迷和追求，对爱情的执着，对朋友的热情和包容。他是那样一个真实的人，就像赤子一样，从来不会隐瞒自己的内心世界。

他是真性情的人，有着不可抗拒的个人魅力，“即使打破了头，也还要保持我灵魂的自由”。

同样伤心的还有陆小曼，她也是个优秀的女人，陆小曼天生丽质，风韵天成。16岁时她就被父亲送到了法国圣心女子学堂去读书，学习的科目有书法、舞蹈、钢琴、绘画等。由于她的天资聪慧和勤奋好学，很快就能得心应手地运用法语和英语了，同时，她的绘画天分也在这时显露出来。她先后拜了刘海粟、陈半丁为师。严师出高徒，在老师的严格培养下，陆小曼的画技渐渐纯熟，得到了许多名人的推崇和赞扬。在戏剧方面，当时也有“南唐英，北小曼”的说法，她自己不仅熟谙昆曲、京剧，还是有名的花旦。

徐志摩曾经对陆小曼说：“你不知道我怎样深刻的期望你勇猛

的上进，怎样相信你确有能力发展潜在的天赋，怎样私下祷祝有那一天叫这浅薄的恶俗势力的‘一般人’开着眼惊讶，闭着眼惭愧。”

徐志摩走后一个月，她写了《哭摩》，寄托了自己的悲伤痛苦之情：

我深信世界上怕没有可以描写得出我现在心中如何悲痛的一支笔。不要说我自己这支轻易也不能动的一支。可是除此我更无可以泄我满怀忧伤的心的机会了，我希望摩的灵魂也来帮我一帮。苍天给我这一霹雳直打得我满身麻木得连哭都哭不出，浑身只是一阵阵的麻木。几日的昏沉直到今天才醒过来知道你是真的与我永别了。摩！慢说是你，就怕是苍天也不能知道我现在心中是如何的疼痛，如何的悲伤！从前听人说起“心痛”我老笑他们虚伪，我想人的心怎会觉得痛，这不过说说好听而已，谁知道我今天才真的尝着这一阵阵心中绞痛似的味儿了，你知道么？曾记得当初我只要稍有不适即有你声声在旁慰问……摩，你是不是真的忍心永远的抛弃我了么？你从前不是说你我最后的呼吸也须要连在一起才不负你我相爱之情么？你为甚不早些告诉你是要飞去呢？直到如今我还是不信你真的是飞了，我还是在这儿天天盼望着你回来陪我呢，你快点将未了的事情办一下，来同我一同去到云外去优游去吧，你不要一个人在外逍遥，忘记了闺中还有我等着呢。

陆小曼写的这篇《哭摩》感情真挚，浓丽哀婉，文风与徐志摩相比不相上下，对徐志摩是最好的怀念。

任何人读了这样伤心的文章，都会流泪，文如其人，没有深刻的感情，根本无法写出这样感情真挚、叫人读后泪流满面的文章。

文章写出了小曼的深情，小曼的绝望，在那样的社会里，一个孤苦无依的弱女子，是怎样的心酸？

摩！我这儿叫你呢，我喉咙里叫得直要冒血了，你难道还没有听见么？直叫到铁树开花，枯木发声，我还是忍心着等，你一天不回来，我一天的叫，等着我哪天没有了气我才甘心地丢开这唯一的希望。

从此小曼开始了一种自立的新生活，她阅读了大量的书籍，脱胎换骨，仿佛重生。

一向慵懒的她决定用实际行动去兑现自己对徐志摩的承诺："我一定做一个你一向希望我能成为的一种人，我决心做人，我决心做一点认真的事业。"徐志摩的死，似乎使她如梦初醒，她开始直面现实，好好过自己的后半生。

她在后半生开始倾心于绘画艺术，拜遍名师，曾经拜贺天健为师学习山水，拜陈半丁为师学习花鸟，她一心画画，一改过去的慵懒生活，振作精神，重新开始。贺天健为了防止陆小曼偷懒，师生之间约定老师上门，杂事丢开，专心学画，学要所成。每月五十大洋，中途不得辍学。就这样，小曼卧薪尝胆，一心画画。十年后，终于在上海大新公司开了个人画展。

画展作品多达100多件，山水、花鸟都有，多为山水画，受到相当好评。小曼的山水秀润天成，有了生气，有了活的灵魂，叫人感觉清新脱俗，飘逸潇洒，她的艺术水平日渐精深。

凡是看过她画的人都认为她具有艺术天赋，赵清阁称其画“是文人画的风格”。最终陆小曼成了当代有名气的画家。

（十六）才女之间的矛盾

林徽因想起徐志摩生前曾经说过，

他的康桥日记放在凌叔华那里。

现在徐志摩不在了，

林徽因很想看看那本记录了志摩当时真实感受的日记，

看看两个人初识那段时间徐志摩记录的内容，

但却没有如愿。

从此，林徽因与凌叔华两人结怨，不再往来。

年轻的徐志摩离开了。

为了纪念徐志摩，这年冬天，新月社的作家们准备为徐志摩出版作品集，林徽因为了从凌叔华那里得到更加详尽的资料，和凌叔华发生了矛盾。

泰戈尔曾对徐志摩说过，凌叔华比林徽因“有过之而无不及”。在20世纪20年代，女子公开社交已蔚然成风，林徽因、凌叔华和陆小曼都是新月社的常客。

凌叔华出身官僚家庭，她是“五四”时期众多走出闺门、接受新思想的女性作家之一。她以独具一格的笔触，深入到中国传统女性的内心深处，写出了传统女性的命运起伏，凌叔华的文笔细腻，有着女性独特的洞察力，徐志摩称赞凌叔华为“中国的曼殊菲儿”。

徐志摩和凌叔华之间的关系非常密切，他们之间也是有过一段感情的，相识半年单通信就有七八十封，差不多两天一封，再加上聚会，可以说这显然超出了一般的友谊。

但凌叔华如何看待他们之间的关系?

凌叔华说：“我对志摩向来没有动过感情，我的原因很简单，我已计划同陈西滢结婚，小曼又是我的知己朋友。”潜台词是：如果不是因为陈西滢和陆小曼，我是会考虑的。但她最终也没有选择徐志摩，他们之间的友谊也一直保持着。

她曾经对小曼说：“男女的爱一旦成熟结为夫妇，就会慢慢地变成怨偶的，夫妻间没有真爱可言，倒是朋友的爱较能长久。”在很多时候，恋爱和婚姻不是一回事，相爱的人在一起未必就会有一段美满的婚姻。在这点上凌淑华看得就比较透，而浪漫多情的徐志摩，似乎更加适合做大众的情人，而不适合做丈夫。

由于两人之间的关系密切，徐志摩对她非常信任，1925年，徐志摩与陆小曼热恋中，遇到了来自各个方面巨大的压力，他不堪重负，决定去欧洲散心，回避压力。

临行前，他把一个木箱子交给凌叔华，那个箱子就是有名的八宝箱，里面装的是徐志摩的英文日记、陆小曼的日记和很多私人的书信，还有他的康桥日记。

因为他去欧洲，身边的八宝箱携带不方便，必须给一个可靠的人保管，陆小曼当时自身难保，而且箱内有些东西“不宜小曼看”。

当时，徐志摩最信任的就是凌叔华，他曾经对陆小曼说过：“只有S是唯一有益的真朋友。”“女友里叔华是我一个同志。”所以把八宝箱托付给凌叔华是情理之中的事。

后来，徐志摩从欧洲平安归来了，但他并没有将寄存在凌叔华处的八宝箱取回。之后他与陆小曼结婚，有了自己的家，并搬到上海去住，仍然没有拿走。

这个箱子一直放在凌叔华那里，徐志摩去世后，朋友们为了给他出书，都把手头上关于志摩的诗作和书信送到胡适那里，由他保管和整理。

林徽因想起徐志摩生前曾经说过，他的康桥日记放在凌叔华那里。现在徐志摩不在了，林徽因很想看看那本记录了志摩当时真实感受的日记，看看两个人初识那段时间徐志摩记录的内容，但却没有如愿。从此，林徽因与凌叔华两人结怨，不再往来。

半个世纪后，凌叔华旧事重提：“他的生活与恋史一切早已不厌其烦地讲与不少朋友知道了，他和林徽因、陆小曼等等恋爱也一点不隐藏地坦白地告诉我多次了，本来在他的噩信传来，我还想到如何找一两个值得为他写传的朋友，把这个担子托付了，也算了掉我对志摩的心思（**那时他虽与小曼结婚，住到上海去，但他从不来取箱子**）。不意在他飞行丧生的后几日，在胡适家有一些他的朋友，闹着要求把他的箱子取出来公开，我说可以交给小曼保管，但胡帮着林徽因一群人要求我交出来（大约是林和她的友人怕志摩恋爱日记公开了，对她不便，故格外逼胡适向我要求交出来），我说我应交小曼，但胡适说不必。他们人多势众，我没法拒绝，只好原封交与胡适。可惜里面不少稿子及日记，世人没见过面的，都埋没或遗失了。”

究竟是什么让她如此心存芥蒂？是她对徐志摩的感情，还是对林徽因的嫉妒，还是其他的一些儿女情长？多年过去了，那个箱子成了一段悬案。

林徽因是爱徐志摩的，那段人间四月天的故事，到处飞扬，两个人之间有过一段刻骨铭心的深刻爱情。但最终，林徽因听从父命嫁给了恩师梁启超的公子梁思成。林长民虽然欣赏徐志摩的才华，但对其人品却并不看好。他认为徐志摩现在能与张幼仪离婚，将来移情别恋，与徽因离婚也有可能，所以，他不放心徐志摩。

林徽因认为徐志摩当时爱的并不是真正的她，而是他用诗人的浪漫情绪想象出来的林徽因，如果他的感情过去了，不知道还会对自己钟情吗？过日子还是梁思成这样的人可靠，因为梁思成可以给她一份稳定的爱情，稳定的婚姻生活。而把徐志摩当作朋友，这样他们的友谊可以一直保持着。然而感情的事谁又能说清楚？虽然林徽因嫁给了梁思成，有着美满的世俗婚姻，但谁又能否认林徽因对徐志摩的感情？

林徽因在极度的悲痛中，怀念着这位能够以心相交的朋友，并将飞机残骸中的一块木板用黄绫小心地包裹，挂在卧室里做永恒的纪念。一份超越了世俗的感情，已经成了前尘往事，在寂静无人的夜晚，林徽因独自面对着内心深处的灵魂，总会压抑不住思念，思念那段刻骨铭心的感情。

徐志摩去世四周年的时候，林徽因饱含泪水，写了一篇令人荡气回肠的散文《纪念志摩去世四周年》：

今天是你走脱这世界的四周年！朋友，我们这次拿什么来纪念你？前两次的用香花感伤的围上你的照片，抑住嗓子底下叹息和悲梗，朋友和朋友无聊的时望着，完成一种纪念的形式，俨然是愚蠢的失败。因为那时那种近于伤感，而又不够宗教庄严的举动，除却点明了你和我们中间的距离，生和死的间隔外，实在没有别的成效；几乎完全不能达到任何真实纪念的意义。

林徽因路过徐志摩的家乡，她触景生情，想起了徐志摩生前的音容笑貌，想起了两个人相处中那些美好的时光，不由得泪如雨下。

林徽因在理智和感情之间，在理想和现实之间，在生与死之间，感到困惑：

朋友，你自己说，如果是你现在坐在我这位子上，迎着这一窗太阳：眼看着菊花影在墙上描画作态；手臂下倚着两叠今早的报纸；耳朵里不时隐隐的听着朝阳门外“打靶”的枪弹声；意识的，潜意识的，要明白这生和死的谜，你又该写成怎样一首诗来，纪念一个死别的朋友？

此时，我却是完全的一个糊涂！习惯上我说，每桩事都像是造物的意旨，归根都是运命，但我明知道每桩事都有我们自己的影子在里面烙印着！我也知道每一个日子是多少机缘巧合凑拢来拼成的图案，但我也疑问其间的排布谁是主宰。据我看来：死是悲剧的一章，生则更是一场悲剧的主干！我们这一群剧中的角色自身性格与性格矛盾；理智与情感两不相容；理想与现实当面冲突，侧面或反面激成悲哀。日子一天一天向前转，昨日和昨日堆垒起来混成一片不可避脱的背景，做成我们周遭的墙壁或气氛，那么结实又那么缥缈，使我们每一人站在每一天的每一个时候里都是那么主要，又是那么渺小无能为！

此刻我几乎找不出一句话来说，因为，真的，我只是个完全的糊涂；感到生和死一样的不可解，不可懂。

林徽因的心中有千言万语，要对徐志摩说：

但是我却要告诉你，虽然四年了你脱离去我们这共同活动的世界，本身停掉参加牵引事体变迁的主力，可是谁也不能否认，你仍立在我们烟涛渺茫的背景里，间接的是一种力量，尤其是在文艺创造的努力和信仰方面。间接的你任凭自然的音韵，颜色，不时的风轻月白，人的无定律的一切情感，悠断悠续的仍然在我们中间继续着生，仍然与我们共同交织着这生的纠纷，继续着生的理想。你并不离我们太远。你的身影永远挂在这里那里，同你生前一样的飘忽，爱在人家不经意时莅止，带来勇气的笑声也总是那么嘹亮，还有，还有经过你热情或焦心苦吟的那些诗，一首一首仍串着许多人的心旋转。……

我认为我们这写诗的动机既如前边所说那么简单愚诚；因在某一时，或某一刻敏锐的接触到生活上的锋芒，或偶然的触遇到理想峰巅上云彩星霞，不由得不在我们所习惯的语言中，编缀出一两串近于音乐的句子来，慰藉自己，解放自己，去追求超实际的真美，读诗者的反应一定有一大半也和我们这写诗的一样诚实天真，仅想在我们句子中间由音乐性的愉悦，接触到一些生活的底蕴，渗合着美丽的憧憬；把我们的情绪给他们的情绪搭起一座浮桥；把我们的灵感，给他们生活添些新鲜；把我们的痛苦伤心再揉成他们自己忧郁的安慰！

林徽因想起了徐志摩的文学作品还有他身后的事：

我们的作品会不会长存在下去，就看它们会不会活在那一些我们从不认识的人，我们作品的读者，散在各时，各处互相不认识的孤单的人的心里的，这种事它自己有自己的定律，并不需要我们的关心的。你的诗据我所知道的，它们仍旧在这里浮沉流落，你的影子也就浓淡参差的系在那些诗句中，另一端印在许多不相识人的心里。朋友，你不要过于看轻这种间接的生存，许多热情的人他们会为着你的存在，而加增了生的意识的。伤心的仅是那些你最亲热的朋友们和同兴趣的努力者，你不在他们中间的事实，将要永远是个不能填补的空虚。你走后大家就提议要为你设立一个“志摩奖金”来继续你鼓励人家努力诗文的素质，勉强象征你那种对于文艺创造拥护的热心，使不及认得你的青年人永远对你保存着亲热。如果这事你不觉到太寒伧不够热气，我希望你原谅你这些朋友们的苦心，在冥冥之中笑着给我们勇气来做这一蠢诚的事吧。

曾经和徐志摩的感情是那样的刻骨铭心，徐志摩去世多时，林徽因依旧深情地写道：

别丢掉，

这一把过往的热情，

现在流水似的，

轻轻

在幽冷的山泉底，

在黑夜，在松林，

叹息似的渺茫，

你仍要保存着那真！

一样是月明，

一样是隔山灯火，

满天的星，

只使人不见，

梦似的挂起，

你问黑夜要回

那一句话——你仍得相信

山谷中留着

有那回音！

别丢掉真挚的感情，别丢掉曾经的美丽，别丢掉曾经最真的梦，别丢掉那段康桥之恋。

林徽因总会想起徐志摩，那是她生命中的一道亮丽的风景，徐志摩的离去始终是个遗憾。就像一朵烟花，在生命中最绚丽的时刻消失；也像一朵昙花，只有最短暂的时间绽放，转瞬之间就凋零。林徽因想到徐志摩，更多是惋惜，他的生命定格于他最年轻、创作才华最旺盛的时刻。

即使徐志摩去世多年，林徽因也不曾丢掉最初的感情。

初恋是如此的美好，如此的刻骨铭心，以至于叫人难以忘怀。

然而，一切皆为虚幻，任何事情都不能回头。

当林徽因想起用诗怀念这段感情的时候，一切都是不可挽回的了，徐志摩说林徽因像风又像月，许多年过去了，林徽因想要化作轻风，徐志摩已经离她远去了。

他们曾经在江湖中相遇，最终却按照彼此的轨道各自运行，转眼间，一切都成了过去，多年以后，林徽因因此而泪流满面。

林徽因对徐志摩的感情一直不曾改变，1947年，林徽因在认为自己将不久于人世之际，她托人传信要见张幼仪。见到张幼仪后，林徽因千言万语却不知道如何说起，只是无言地流泪。

对此，张幼仪的解释是："她当初之所以想见我，是由于她爱徐志摩，想看他的孩子。尽管她嫁给了梁思成，她仍是爱着徐志摩。"也许女人更懂女人吧，张幼仪的话不无道理，可是感情的事，谁又能说得清?

问世间情为何物，直叫人生死相随。

林徽因成全了三个男子，而这三个优秀的男子也成全了她的美丽。她是徐志摩诗歌中永远的女主角，徐志摩的诗歌因为她而变得富有魅力；她是梁思成事业的引导者，梁思成第一次从她那里知道建筑；金岳霖的生活因为她而变得富有诗意，于是成了他们夫妻一生的朋友。

而那个得不到梦的诗人成了她诗歌里的主角，林徽因有很多诗是写给徐志摩的。

这一定又是你的手指，

轻弹着，

在这深夜，稠密的悲思；

我不禁频边泛上了红，

静听着，

这深夜里弦子的生动。

一声听从我心底穿过，

忒凄凉

我懂得，但我怎能应和？

……

“我懂得，但我怎能应和？”这一句是林徽因对于徐志摩自始至终的一种态度，理想的爱情总是脆弱的，她只希望有一天，在梦中拨动那根希望的弦。

（十七）你是我生命中不能承受之重

爱情不是嫉妒，不是仇恨，

爱情是唯美的，奉献的，

叫所爱的人因为你的爱，

人生变得更加精彩和幸福。

梁思成用宽广的胸怀，

包容着林徽因，也成全了林徽因，

没有梁思成的包容，

林徽因的生活还会这样充满诗意吗？

由于现实的原因，林徽因选择了门当户对、志同道合的梁思成，也许她知道，人生除了爱情以外，还有事业，还有亲情，还有责任，还有担当。林徽因说：“我的教育是旧的，我变不出什么新的人来，我只要‘对得起’人——爹娘、丈夫（一个爱我的人，待我极好的人）、儿子、家族等等，后来更要对得起另一个爱我的人，我自己有时的心，我的性情便弄得十分为难。前几年不管对得起他不，倒容易——现在结果，也许我谁都没有对得起，您看多冤！”

林徽因在写给胡适的信中说："这几天思念他得很，但是他如果活着，恐怕我待他仍不能改的。事实上太不可能。也许那就是我不够爱他的缘故，也就是我爱我现在的家在一切之上的确证。"她还说："我也不会以诗人的美谀为荣，也不会以被人恋爱为辱。我永是'我'，被诗人恭维了也不会增美增能，有过一段曲折的旧历史也没有什么可羞惭。"这是一个高贵的回答，对徐志摩，林徽因一直待之以最好的朋友。

她选择的梁思成是真正的绅士，也是最合适于她的婚姻伴侣。梁思成是一个拥有海洋般宽广胸怀的男人，可以让她自由鱼跃的男人，他有着宽厚的肩膀，为她遮风挡雨。由于林徽因的父母经常吵架，给她的童年生活留下了阴影，所以，林徽因有时间性格急躁，脾气不好，一忙起来，容易着急，就会和梁思成吵架，梁思成是一个真正的君子，包容着她，家庭生活倒也是其乐融融。梁思成的胸襟和爱情，使夫妻之爱和朋友之爱都达到了一种理想的、高尚的境界。

他对林徽因尊重和信任，使得他赢得了朋友们永远的敬重。无论是徐志摩还是金岳霖，都和他保持着终身的友谊。

林徽因曾经发自内心地说，如果她的人生可以重新安排，她仍然会选择现在的家庭，因为这是理想的、完美的、充满着诗意的家庭。

夫妻在学业上比翼双飞，在事业上相互支持，在生活上相互照顾，就像舒婷诗中写道的：

我必须是你近旁的一株木棉，
作为树的形象和你站在一起。
根，紧握在地下，
叶，相触在云里。
每一阵风过
我们都互相致意，
但没有人
听懂我们的言语。
……
我们分担寒潮、风雷、霹雳；
我们共享雾霭、流岚、虹霓。
仿佛永远分离，
却又终身相依。

他们的生活是幸福的，合作是默契的。林徽因在建筑设计上有着过人的敏感，但她的家人们都知道，这位才女在和梁思成一起工作的日子里，从来只肯画出草图便要撂挑子。因为她知道，梁思成肯定会细细地将草图变成完美的杰作。当然梁思成不在身边的时候，林徽因自己也是能够画出来的。或许，林徽因希望有着被梁思成宠爱的感觉，而宠爱着林徽因，或许也是梁思成最大的快乐吧。

梁思成是怎样的一个人，能叫林徽因生死相随?

今天的日本，最美丽的旅游城市，是京都和奈良。但如果没有梁思成，世界上早就没有京都，也没有奈良了。

1944年，梁思成担任中国战区文物保护委员会副主任，他奉命向美军提供中国日占区需要保护的文物清单和地图，以免盟军轰炸时误伤。为了完成这个任务，梁思成呕心沥血地工作，同时，梁思成希望美军能将另外两个不在中国的城市也排除在轰炸目标之外——日本的京都和奈良。

梁思成提出保护京都和奈良，在当时的人们看来是一个难以理解的决定，而且也超出他工作的范围。要知道，梁家曾经有几个亲人在抗战中离去。

1932年，上海淞沪会战中，十九路军抗敌的前线，一个清华大学出身的年轻炮兵军官在激战中因无医无药殉于战争中，这个年轻的炮兵军官就是梁思成的亲弟弟梁思忠。

1941年，在成都，日军利用恶劣天气，以诡异的云上飞行方式奇袭中国空军双流基地，一个中国飞行员不顾日机的轰炸扫射，冒死登机，起飞迎战，在跑道尽头未及拉起就被击中，壮烈殉国。这个中国飞行员，就是林徽因的三弟。三年后，林徽因曾经为他写了一首哀婉的长诗《哭三弟恒》。

因为国恨家仇，梁思成先生进入营造学社后从不与日本人交往。在长沙大轰炸的烈火中，谦谦君子梁思成愤怒地吼出："多行不义必自毙，总有一天我会看到日本被炸沉的！"但他依然保护了京都和奈良，并不是他临时起意。他的弟子罗哲文记得当时的情景，他们住在重庆上清寺研究院……每天，梁先生拿过来一些图纸，让罗哲文根据他事先用铅笔标出的符号，再用绘图仪器绘成正规的地图。罗哲文虽然没有详问图纸的内容，但大体可以看出，地图上许多属于日本占领区的范围。而梁先生用铅笔标出的，都是古城、古镇和古建筑文物的位置。还有一些地图甚至不是中国的。当时罗哲文虽然没有仔细加以辨识，但有两处他是深有印象的，那就是日本的古城京都和奈良。

梁思成这样解释他提出这个建议的原因——"要是从我个人感情出发，我是恨不得炸沉日本的。但建筑绝不是某一民族的，而是全人类文明的结晶"。

虽然梁思成没有徐志摩文学上的才华，也不如徐志摩浪漫，但他却是一个心胸宽广的人，与林徽因一起同甘共苦。在抗战中，他们曾共同守在贫穷的李庄。那时，梁思成的脊椎病使他必须穿上铁马甲才能坐直，体重降到四十七公斤；那时，林徽因在日日咯血的生死线上挣扎，几个月的时间就毁灭了她曾经的美丽。

那是真正的苦难，他们的生活中没有电，也没有自来水，每日伴随他们的是臭虫和油灯，他们过着艰苦的生活。然而，当外国友人邀请他们定居美国的时候，这对在苦难中生活的人拒绝了。他们说，中国在受难，他们要与自己的祖国一起受苦。

抗战后期，在四川李庄生活的林徽因已病得非常严重，无处可逃了。儿子曾经问过她，如果日本人真的打来了，你怎么办呢？

林徽因说：“中国的念书人总还有一条后路嘛，门前不就是长江吗？”

儿子急了：“那你就不管我了？”

林徽因说：“真要到了那一步，恐怕就顾不上你了。”

在林徽因瘦弱的身体里，竟然有这种铮铮铁骨。这是一个坚强的女性，病魔，贫穷，都不能阻挡她对正义和理想的追求。

艰苦的环境并没有使他们消沉，他们依旧潜心工作。

当抗战胜利的时候，人们才发现，林徽因夫妇竟然在条件如此艰苦的李庄，写出了十一万字的《中国建筑史》，那时两个人每天为了编写这部书而工作到半夜，甚至通宵不眠。

这样的梁思成是真正的男子汉，值得林徽因托付一生。

爱情不是嫉妒，不是仇恨，爱情是唯美的、奉献的，叫所爱的人因为你的爱，人生变得更加精彩和幸福。

梁思成用宽广的胸怀，包容着林徽因，也成全了林徽因，没有梁思成的包容，林徽因的生活还会这样充满诗意吗？

他们的爱情比童话更美，爱一个人是给她提供更广阔的天空，叫她自由地飞翔；给她更多的自由，丰富自己的人生；给她更多的快乐，更多的空间。

就像裴多菲《我愿意是急流》那首诗写的：

我愿意是急流，
山里的小河，
在崎岖的路上、
岩石上经过……
只要我的爱人
是一条小鱼，
在我的浪花中
快乐地游来游去。

我愿意是荒林，
在河流的两岸，
对一阵阵的狂风，
勇敢地作战……
只要我的爱人
是一只小鸟，
在我的稠密的
树枝间做窠，鸣叫。

我愿意是废墟，

在峻峭的山岩上，
这静默的毁灭
并不使我懊丧……
只要我的爱人
是青青的常春藤，
沿着我的荒凉的额，
亲密地攀缘上升。

我愿意是草屋，
在深深的山谷底，
草屋的顶上
饱受风雨的打击……
只要我的爱人
是可爱的火焰，
在我的炉子里，
愉快地缓缓闪现。

我愿意是云朵，
是灰色是破旗，
在广漠的空中，
懒懒地飘来荡去，
只要我的爱人

是珊瑚似的夕阳，

傍着我苍白的脸，

显出鲜艳的辉煌。

爱情是人类最美好的感情，它的本质是牺牲自己，成全他人，为所爱的人无私奉献。爱是伟大的，就像大海一样，容纳江河百川。爱是崇高的，就像天空一样，装得下各种各样的事，容纳得下不同的人，经受喜悦和痛苦的考验。相爱的人在一起，需要为对方着想，爱才能得到升华，才能久远。

真正的爱情是相爱的人彼此心灵的相互契合，是为了让对方开心而默默奉献。爱不仅温暖着自己，也同样温暖着爱人的心。

和梁思成同一个时代、有过海外留学经历、学贯中西的王赓也有这样的高尚的人格境界。

他曾经私下跟刘海粟说："我并非不爱小曼，也并不舍得失去小曼。但是我希望她幸福。她和志摩两人都是艺术型人物，一定能意气相投。今后作为好朋友，我还是可以关心他们。"

很多年后，王赓想起小曼，他说："爱情是人类最崇高的感情活动，它是纯洁而美好的，并不带有半点功利俗念，也不等于相爱必须占有。真正的爱情应以利他为目的，只讲无私奉献，不求索取。既爱其人，便以对方的幸福为幸福。我是爱陆小曼的，既然她认为和我离开后能觅得更充分的幸福，那么，我又何乐而不为？又何必为此耿耿于心呢？”

真正的爱情，是在能爱的时候，懂得珍惜；在无法爱的时候，懂得放手。只有放手才拥有了一切，不能相守的时候，怀着真诚，为你祝福。

如果遇见这样至诚至性的人，一生何求？

（十八）遍访古建筑

生活是艰难的，工作是繁重的，

心情却是快乐、宁静的。

外表文弱，性格温和的林徽因，

在事业上却攀到了最高峰。

1932年，林徽因的第二个孩子梁从诫出生了，面对着新生命的诞生，她看到了希望和活力，林徽因怀着对儿子的无比喜爱之情和对未来的向往，写下了最美的诗篇《你是人间四月天》：

我说你是人间的四月天；
笑响点亮了四面风；轻灵
在春的光艳中交舞着变。

你是四月早天里的云烟，
黄昏吹着风的软，
星子在无意中闪，

细雨点洒在花前。

那轻，那娉婷，你是，鲜妍
百花的冠冕你戴着，你是
天真，庄严，你是夜夜的月圆。

雪化后那片鹅黄，你像；新鲜
初放芽的绿，你是；柔嫩喜悦
水光浮动着你梦期待中白莲。

你是一树一树的花开，
是燕在梁间呢喃，——你是爱，是暖，
是希望，你是人间的四月天！

四月，处在一年中的春天，也是春天中最美的时节。它是一年中最珍贵的时节，一如感情的转瞬即逝。四月里有柔嫩的生命、新鲜的景色，四月天空是明净澄澈的，在美好的季节里，万物都泛着神圣的光。在四月里，诗人写下了心中的最爱，写下了美好的心情。

梁从诫是林徽因心爱的儿子，多年后，他在《倏忽人间四月天——回忆我的母亲林徽因》谈起了他眼中真实的母亲形象：

“母亲爱文学，但只是一种业余爱好，往往是灵感来时才欣然命笔，更不会去‘为赋新词强说愁’。然而，对于古建筑，她却和父亲一样，一开始就是当做一种近乎神圣的事业来献身的。”

“母亲不爱做家务事，曾在一封信中抱怨说，这些琐事使她觉得浪费了宝贵的生命，而耽误了本应做的一点对于他人，对于读者更有价值的事情。但实际上，她仍是一位热心的主妇，一个温柔的妈妈。三十年代我家坐落在北平东城北总布胡同，是一座有方砖铺地的四合院，里面有个美丽的垂花门，一株海棠，两株马缨花。中式平房中，几件从旧货店里买来的老式家具，一两尊在野外考察中拾到的残破石雕，还有无数的书，体现了父母的艺术趣味和学术追求。当年，我的姑姑、叔叔、舅舅和姨大多数还是青年学生，他们都爱这位长嫂、长姊，每逢假日，这四合院里就充满了年轻人的高谈阔论，笑语喧声，真是热闹非常。”

知母莫如子，林徽因的女儿梁再冰也曾说过：

“现在的人提到林徽因，不是把她看成美女就是把她看成才女。实际上我认为她更主要的是一位非常有社会责任感的建筑学家。她和我父亲梁思成是长期的合作者，这种合作基于他们共同的理念，和他们对这个事业的献身精神。”

对于母亲的事业，梁从诫回忆道：“从1931到1937年，母亲作为父亲的同事和学术上的密切合作者，曾多次同父亲和其他同事们一道，在河北、山西、山东、浙江等省的广大地区进行古建筑的野外调查和实测。我国许多有价值的，成貌尚存的古代建筑，往往隐没在如今已是人迹罕至的荒郊野谷之中。当年，他们到这些地方去实地考察，常常不得不借助于原始的交通工具，甚至徒步跋涉……作为一个古建筑学家，母亲有她独特的作风。她把科学家的缜密、史学家的哲思、文艺家的激情融于一身。”

亲眼见到林徽因、梁思成以“原始纯朴的农民生活”而继续致力于学术事业的费正清在《献给梁思成和林徽因》中则这样郑重写道：“在我们的心目中，他们是不畏困难，献身科学的崇高典范……不论是疾病还是艰难的生活都无损于他们对自己的开创性研究工作的热情……他们不仅具有极高的学术水平，而且还有崇高的品德修养，而正是后者使他们能够始终不渝地坚持自我牺牲，坚定地为中国的现代化做出了自己的一份贡献。”

梁思成和林徽因是学贯中西的学者，非常注重收集第一手的资料。

夫妻两人从事了一项前无古人的事业，他们计划从华北地区开始，到各地区实地考察中国明清之前的古代建筑。

林徽因早年患有肺病，抗战期间到处奔波的艰苦生活，令她的病情不断加剧，最终恶化为肺结核，这在当年的医疗条件下，属于不治之症。但林徽因是坚强的，虽然病重，却依旧陪着梁思成翻山越岭到处寻访古建筑。两个人到处寻访年代久远的古桥、古堡、古寺、古楼、古塔，透过岁月的积尘，勘定这些建筑建造的年月，揣摩它们的结构，计算这些建筑物的尺寸。

她参与了中国古代建筑的调查整理工作，这是多么巨大的工程。他们二人共同走过了中国的15个省，200多个县，上千处恶劣艰苦的考察现场，考察测绘了200多处古建筑物，发现了许多可以远溯唐宋的建筑。很多古建筑通过他们的考察得到了全国乃至世界的认识，因此得到了人们的保护，比如河北赵州石桥、山西的应县木塔、五台山佛光寺。如果不是因为他们的发现，这些古建筑也许早已经在人间消失了。

通过古建筑考察，他们完成了对古籍《营造法式》的解读。林徽因单独以及与梁思成合作发表了《论中国建筑之几个特征》《平郊建筑杂录》《晋汾古建筑调查纪略》等有关建筑的文章和报告，还为梁思成的《清式营造则例》一书写了绪论。

有人说林徽因外表是冷静的，但她的内心却充满了热情，这种巨大的热情是她生活和事业的支柱，但良好的修养让她把热情藏在心里，表现在事业上。外表娇弱的林徽因有着极强的事业心。为了事业，她能抛弃浮华，洗尽铅尘，过着这样艰苦的生活。在这巨大的反差中，林徽因的美越发具有了迷人的魅力。

1936年，为了实地测量古建筑，林徽因与梁思成一起登上了宁静肃穆的天坛祈年殿屋顶，在中国历史上，她是第一个敢于踏上皇帝祭天宫殿屋顶的女性，林徽因是个了不起的女性，她不仅有美貌，更有超出同时代的智慧。

考察是艰苦的，他们踩着泥泞，坐着驴车，顶着炽热的阳光，像战争年代的逃荒者一样，风尘仆仆地奔走于乡间小道。他们跋山涉水，过着艰苦的生活，访寻著名建筑，而且乐在其中。美国学者费正清教授曾这样评价说：“倘若是美国人，我相信他们早已丢开书本，把精力放在改善生活境遇去了。然而这些受过高等教育的中国人却能完全安于过这种农民的原始生活，坚持从事他们的工作。”

很难想象，自小生活优越的林徽因能够丢下北京舒适的家，丢下家中安逸的生活，丢下年幼的儿女，跑到遥远山西的野地来风餐露宿，和最贫穷的农民一起生活。

作为建筑学家的林徽因，了解民间百态，知道人情冷暖。

在云冈石窟，他们着手考察石刻艺术中所表现的北魏建筑水平。实地考察的生活是艰苦的，在所住的旅店上铺上自备的床单后，“不一会儿就落上一层尘土，掸去不久又落一层，如是者三四次，最后才发现原来是成千上万的跳蚤”。

在荒郊野外，他们经常陷于无处居住的窘境。最后没有办法，只能借住在农民家中，那是什么样的房子啊？没有门窗，没有家具，只剩下露天的屋顶和透风的四壁。在农家搭伙，只能吃些煮土豆和玉米面糊糊。就在这样的条件下，他们详细考察了云冈各个石窟的平面以及建筑年代，考察了石窟中所表现的建筑形式，由此将北魏时期的建筑形式和建筑特点进行了科学的总结与分析。

提起林徽因，人们总会想到穿着华丽服装在安逸的客厅里谈笑风生的贵夫人，或者是衣着考究风花雪月的高雅女诗人，或者是低头温柔看着怀中可爱孩子的清秀雅致的慈母，或者是躺在病榻上饱受折磨但依旧乐观的女子。

但那只是林徽因的一面，她还有另外的一面。在林徽因野外考察的照片上，我们可以看到另外一个林徽因，那是一个不畏艰辛、事业心极强的林徽因。

她在河北正定的开元寺钟楼高高的梁上做测量，娇弱的她竟然身着旗袍在上面微微地笑着！

她在前往河南龙门石窟的倾斜石路上回头望，那个时候，林徽因已经显得瘦削疲劳，但依旧无法掩饰她的美丽。

在山西五台山，林徽因在梯子的顶端一手拿笔摁尺，一手伸开捏尺，测绘唐代古建筑，衣着朴素的她眉头微皱着，眯眼查看数字，身手敏捷神情专注，此时的林徽因完全是一副严谨的学者样子。

郊外的生活非常艰苦，但林徽因却是乐观的，她用超出尘世的豁达眼光观察一切，用充满诗意的语言描绘山西之行，艰苦的生活在她的眼里变得如此富有诗情画意：

居然到了山西，天是透明的蓝，白云更流动得使人可以忘记很多的事，单单在一点什么感情底下，打滴溜转；更不用说到那山山水水，小堡垒，村落，反映着夕阳的一角庙，一座塔！景物是美得到处使人心慌心痛。

我是没有出过门的，没有动身之前不容易动，走出来之后却就不知道如何流落才好。旬日来眼看去的都是图画，日子都是可以歌唱的古事。黑夜里在山场里看河南来到山西的匠人，围住一个大红炉子打铁，火花和铿锵的声响，散到四围黑影里去。微月中步行寻到田陇废庙，划一根“取灯”偷偷照看那瞭望观音的脸，一片平静。几百年来，没有动过感情的，在那一闪光底下，倒像挂上一缕笑意。

文如其人，林徽因的文章就像她本人一样优美，充满着灵性，文学家林徽因和建筑学家林徽因完美地结合在一起。平凡的事物，被她那支妙笔刻画得栩栩如生：

我们因为探访古迹走了许多路；在种种情形之下感慨到古今兴废。在草丛里读碑碣，在砖堆中间偶然碰到菩萨的一只手一个微笑，都是可以激动起一些不平常的感觉来的。乡村的各种浪漫的位置，秀丽天真；中间人物维持着老老实实的鲜艳颜色，老的扶着拐杖，小的赤着胸背，沿路上点缀的，尽是他们明亮的眼睛和笑脸。由北平城里来的我们，东看看，西走走，夕阳背在背上，真和掉在另一个世界里一样！云块，天，和我们之间似乎失掉了一切障碍。我乐时就高兴的笑，笑声一直散到时河时山，说不定那一个林子，那一个村落里去！我感觉到一种平坦，竟许是辽阔，和地面恰恰平行着舒展开来，感觉的最边沿的边沿，和大地的边沿，永远赛着向前伸……

我不会说，说起来也只是一片疯话人家不耐烦听。以我描写一些实际情形我又不大会，总而言之，远地里，一处田亩有人在工作，上面青的，黄的，紫的，分行的长着；每一处山坡上，有人在走路，放羊，迎着阳光，背着阳光，投射着转动的光影；每一个小城，前面站着城楼，旁边睡着小庙，那里又托出一座石塔，神和人，都服贴的，满足的，守着他们那一角天地，近地里，则更有的是热闹，一条街里站满了人，孩子头上梳着三个小辫子的，四个小辫子的，乃至于五六个小辫子的，衣服简单到只剩一个红兜肚，上面隐约也总有她嬷嬷挑的两三朵花！

这里风景如画，民风也是淳朴的，近乎与世隔绝的人们好奇地看着他们，争先恐后地跑来看那些古代的建筑物。

娘娘庙前面树荫底下，你又能阻止谁来看热闹？教书先生出来了，军队里兵卒拉着马过来了，几个女人娇羞的手拉着手，也扭着来站在一边了，小孩子争着挤，看我们照相，拉皮尺量平面，教书先生帮忙我们拓碑文。说起来这个那个庙，都是年代可多了，什么时候盖的，谁也说不清了！说话之人来得太多，我们工作实在发生困难了，可是我们大家都顶高兴的，小孩子一边抱着饭碗吃饭，一边睁着大眼看，一点子也不松懈。

我们走时总是一村子的人来送的，儿媳妇指着说给老婆婆听，小孩们跑着还要跟上一段路。开栅镇，小相村，大相村，那一处不是一样的热闹，看到北齐天保三年造像碑，我们不小心的，漏出一个惊异的叫喊，他们乡里弯着背的，老点儿的人，就也露出一个得意的微笑，知道他们村里的宝贝，居然吓着这古怪的来客了。“年代多了吧？”他们骄傲的问。“多了多了，”我们高兴的回答，“差不多一千四百年了。”“呀，一千四百年！”我们便一齐骄傲起来。

我们看看这里金元重修的，那里明季重修的殿宇，讨论那式样做法的特异处，塑像神气，手续，天就渐渐黑下来，嘴里觉到渴，肚里觉到饿，才记起一天的日子圆圆整整的就快结束了。回来躺在床上，绮丽鲜明的印象仍然挂在眼睛前边，引导着种种适意的梦，同时晚饭上所吃的菜蔬果子，便给养充实着，我们明天的精力，直到一大颗太阳，红红的照在我们的脸上。

林徽因的语言温婉圆润，如行云流水般的流畅，又如拂面的春风，拥有超越时间的魅力。她的文章，笔端流露出令人惊讶的对民间百态的深谙，这是怎样一个林徽因啊，分不清她是诗人，民俗学家，还是建筑学家。

林徽因的诗歌《旅途中》也记录了这个时期的生活：我卷起一个包袱走，过一个山坡子松，又走过一个小庙门，在早晨最早的一阵风中。我心里没有埋怨，人或是神；天底下的烦恼，连我的拢总，像已交给谁去，……前面天空。山中水那样清，山前桥那么白净，——我不知道造物者认不认得自己图画；乡下人的笠帽，草鞋，乡下人的性情。

生活是艰难的，工作是繁重的，心情却是快乐、宁静的。外表文弱、性格温和的林徽因，在事业上却攀到了最高峰。

梁从诫在《倏忽人间四月天——回忆我的母亲林徽因》写道：

1937年6月，她和父亲再次深入五台山考察，骑着骡子在荒凉的山道上颠簸，去寻访一处曾见诸敦煌壁画，却久已湮没无闻的古庙——佛光寺。七月初，他们居然在一个偏僻的山村外面找到了它，并确证其大殿仍是建于唐代后期（857）的原构，也就是当时所知我国尚存的最古老的木构建筑物（新中国成立后，在同一地区曾发现了另一座很小的庙宇，比佛光寺早七十多年）。这一发现在中国建筑史和他们个人的学术生活中的意义，当然是非同小可的。直到许多年以后，母亲还常向我们谈起当时他们的兴奋心情，讲他们怎样攀上大殿的天花板，在无数蝙蝠扇起的千年尘埃和无孔不入的臭虫堆中摸索着测量，母亲又怎样凭她的一双远视眼，突然发现了大梁下面一行隐隐约约的字迹，就是这些字，成了建筑年代的确凿证据。而对谦逊地隐在大殿角落中本庙施主"女弟子宁公遇"端庄美丽的塑像，母亲更怀有一种近乎崇敬的感情。她曾说，当时恨不能也为自己塑一尊像，让"女弟子林徽因"永远陪伴这位虔诚的唐朝妇女，在肃穆中再盘腿坐上他一千年！

林徽因和梁思成全心投入到古代建筑的研究中去，他们的研究工作硕果累累，然而，突如其来的战争，打断了他们的工作。这些工作竟是他们战前事业的最后一个高潮。七月中旬，当他们从深山中走出来的时候，等着他们的是卢沟桥事变的消息！

在日军占领北平的前夕，林徽因和梁思成告别了舒服安逸的生活，离开了熟悉的四合院，带着年迈的母亲和幼小的孩子，拎着几只皮箱、两个铺盖卷，同北大、清华教授们一道，毅然地奔向了陌生的西南大后方，开始了战时流亡的生活。

1937年，日本侵华战争全面爆发了。他们先避难到了长沙，接着辗转又来到了西南的昆明、重庆。在战争年代里，物价昂贵，他们的经济非常紧张，有时要靠朋友们的资助才能维持日常的家庭开支。林徽因经常在菜籽油灯的微光下，缝着孩子们的衣服和布鞋，买些最便宜的粗食回家煮，过着非常简单朴素的生活，这样的日子比农妇还要苦。梁思成因为早年遭遇过车祸，走起路来，有些跛足，林徽因为了陪伴着行动不便的丈夫进行研究工作，携家带口，四处迁徙。

在这样的环境下，他们依旧执着于建筑。林徽因与梁思成在战火纷飞的年代里，不远千里，一起去寻访那些湮没在民间，也许随时就会灰飞烟灭的古建筑。

他们在西南小镇李庄的生活是一段非常艰苦的生活，那个时候，林徽因贫病交加，身体虚弱，与世隔绝，经常卧病在床。她被医生断言最多只能再活5年，但在病床上的林徽因，却在不停地工作。

生在乱世的林徽因，心境却是波澜不惊的，她用超然的心态面对一切。虽然条件非常恶劣，但她却依旧乐观。那个时期，她的诗依旧生动，她用淡淡几笔生动形象地勾勒出十一月的田园小村。朴素的乡村，简单的安宁，十一月的心有些清瘦，十一月的灵魂是谁的病，她用无言的感伤吸引了读者的心魄，让人想要抵达这个宁静的地方，这个十一月的小村。

我想象我在轻轻的独语：
十一月的小村外是怎样个去处？
是这渺茫江边淡泊的天；
是这映红了的叶子疏疏隔着雾；
是乡愁，是这许多说不出的寂寞；
还是这条独自转折来去的山路？
是村子迷惘了，绕出一丝丝青烟；
是那白沙一片篁竹围着的茅屋？
是枯柴爆裂着灶火的声响，
是童子缩颈落叶林中的歌唱？
是老农随着耕牛，远远过去，
还是那坡边零落在吃草的牛羊？
是什么做成这十一月的心，
十一月的灵魂又是谁的病？
山坳子叫我立住的仅是一面黄土墙；
下午透过云雾那点子太阳！

一棵野藤绊住一角老墙头，

斜睨两根青石架起的大门，

倒在路旁无论我坐着，我又走开，

我都一样心跳；我的心前

虽然烦乱，总像绕着许多云彩，

但寂寂一湾水田，这几处荒坟，

它们永说不清谁是这一切主宰

我折一根柱枝，看下午最长的日影

要等待十一月的回答微风中吹来。

林徽因与其他才女的不同之处，就是她骄傲却不孤绝，安静却不寡淡。即使外界条件多么艰苦，身体多么的虚弱，她的内心依旧是平和乐观的。她从来不会被外界环境所左右，努力去寻找着人生的乐趣。

（十九）位卑未敢忘忧国

和林徽因一样，

梁思成对中国即将发生的内战也同样的担忧。

有人劝他们出国，

但他们却丝毫不为所动，

因为他们深爱着这个苦难的国家。

三弟的阵亡，叫林徽因伤心不已，她写下了《哭三弟恒》纪念在抗战中身亡的三弟，但诗中纪念的，又何止三弟一个人？为了国家，有多少热血青年以身殉国。

林徽因有一批很特别的朋友，他们是空军航校的学员，这是一批抗战前夕来自沿海大城市的投笔从戎的爱国青年，后来他们大多数人的家乡沦陷。在昆明时，每当休息日，他们总爱到林徽因的家里，把她当作长姐，对她诉说乡愁和苦闷。

他们毕业的时候，林徽因和梁思成曾被邀请做他们的“名誉家长”出席毕业典礼。自淞沪抗战以来，空军能参战的飞机已所剩无几。那时，政府只有一些破破烂烂的老式飞机去装备空军，有些还是用民用机改装的战机，那些年轻有为的空军战士们，甚至来不及参加一次像样的战斗，就献出了宝贵的生命。传说空军由航校毕业到战死，平均时间只有六个月。

这些刚毕业的年轻人在一次次与日寇力量悬殊的空战中都牺牲了，没有一人幸存，有人死得十分壮烈。

林徽因夫妇等来的不是胜利的捷报，而是接二连三的阵亡通知书，每次林徽因都要痛哭一场，那些年轻的生命，还没有盛开就凋零了，真是人间最大的悲剧。如果不是因为战争，他们都会有幸福的家庭，很好的工作，很好的未来，享受天伦之乐，然而，战争剥夺了他们的梦想，剥夺了他们的生命。

1941年，她非常疼爱的三弟，当时刚从航校毕业不久的空军上尉飞行员林恒，在一次对日军的仓促应战中，不幸阵亡。林恒是个英勇的青年，为了保卫国家，他从清华大学退学，弃笔从戎，考入空军学校。

林徽因听到这个消息后，痛不欲生，她的悼亡诗《哭三弟恒》可以说不是只给林恒一个人，而是献给抗战前期她所认识的所有那些以身殉国的飞行员朋友的。

在1946年1月，林徽因在重庆给费正清和威尔玛写的一封信中，她是这样说的：

正因为中国是我的祖国，长期以来我看到它遭受这样那样罹难，心如刀割。我也在同它一道受难。这些年来，我忍受了深重的苦难。一个人一生经历了一场接一场的革命，一点也不轻松。正因为如此，每当我察觉有人把涉及千百万人生死存亡的事等闲视之时，就无论如何也不能饶恕他……

我卧床等了四年，一心盼着这个“胜利日”。接下去是什么样，我可没去想。我不敢多想。如今，胜利果然到来了，却又要打内战，一场旷日持久的消耗战。我很可能活不到和平的那一天了（也可以说，我依稀间一直在盼着它的到来）。我在疾病的折磨中就这么焦躁烦躁地死去，真是太惨了。

和林徽因一样，梁思成对中国即将发生的内战也同样的担忧。有人劝他们出国，但他们却丝毫不为所动，因为他们深爱着这个苦难的国家。

在重庆，经过费氏夫妇的引见，林徽因见到了共产党的新闻发言人龚澎。林徽因吃惊地发现，她就是那个在30年代跟着梁思成妹妹梁思懿经常去北京自己家的那位女同学，在分别多年后又再次见到旧日的相识，她们非常开心，有着说不完的话。

梁从诫在《童年琐忆》中记录了这次相见：

母亲回到重庆不久，便有一位女客来拜访她。她烫着发，穿着旗袍、高跟鞋，进门便自我介绍：“我是龚澎。”妈妈认出她是五姑战前在燕京大学的同学，到过北总布胡同，同她谈了好久。她走后妈妈对我说，你不是问什么是共产党吗？这就是个真正的共产党啊。我奇怪地反问：他们不是说共产党是穿草鞋拿枪打日本的吗？这个共产党怎么还穿高跟鞋，也没有枪呢？

在1946年7月，林徽因一家随着清华大学的教授一起回到北京。

1946年10月，美国耶鲁大学聘请梁思成去美国讲学，梁思成携带着《中国建筑史》和同时完成的《中国雕塑史》的书稿和图片奔赴美国，他将中华民族的文化珍宝展示在国际学术界面前。

他多年的研究成果，博得了国外学术界的敬佩和赞扬。因为他的研究，美国普林斯顿大学赠授梁思成名誉文学博士的学位，英国科学史家李约瑟教授称梁思成是“研究中国古建筑的宗师”。

费正清和其他一些美国朋友劝梁思成留在美国，把家人也接到美国。由于梁思成在建筑上的杰出成就，美国很多单位都向他抛出橄榄枝，但他却毫不犹豫地回到了国内。在日记里，梁思成动情地写道：“愿能携家久居是邦，奈不舍破国山河何！”

费慰梅在所著《林徽因与梁思成》一书中说，梁思成对政治没有丝毫兴趣，他一心挂在个人事业上，根本没有时间参与政治或进行政治投机，他是满怀着希望和孩童般的天真进入共产主义世界。

新中国成立前夕，林徽因很兴奋。清华在城外，解放军的围城部队就到了清华一带，他们在校外驻扎着。林徽因和梁思成非常担心，一旦攻城，城内的古建筑就全完了。

这时，张奚若带着两个解放军干部来到梁家，向他们请教，一旦万不得已要攻城，哪些古建筑需要保护，打炮的时候就不往那儿打。他们要梁思成把城里最重要的古建筑，标到地图上。

这件事，叫他们非常激动："这样的党、这样的军队，值得信赖，值得拥护！"

那个时候，一位老友全家去了美国，这时有人曾说："某公是不会回来的了。"

林徽因在和一些老师学生谈话时曾说："我深信一个有爱国心的中国知识分子不会选择在这个时候离开祖国的。"因为她了解朋友，自己也是这么想的。果然，那位教授在新中国成立前，举家回到了清华园。

抗战期间在李庄，费正清要她两口子去美国治病，虽然那个时候，她的病已经严重恶化，但她依旧留在国内，因为她深深眷恋着这片土地，她要在事业之路上努力前行。作为建筑师，他们感到实现宏伟抱负，把才能献给国家的时代到来了。在林徽因生命的最后几年里，她做了三件大事：参加中华人民共和国国徽设计工作，为天安门广场人民英雄纪念碑碑座设计纹饰和浮雕图案，挽救了濒临停业的景泰蓝传统工艺品。

（二十）你是人间四月的天

林徽因的一生，
是美丽的，传奇的，
她的才情诗意，
她的事业，她的追求，
她的生活经历，她的贡献，
叫人们永远记住这个莲花般的女子，
永远记住她的人间四月天。

新中国成立后，林徽因被正式聘为清华大学建筑系的一级教授、北京市都市计划委员会委员、人民英雄纪念碑建筑委员会委员，她还当选为北京市第一届人民代表大会代表、全国文代会代表。

林徽因恨不能把在建筑、文物、美术、教育等许多领域中积累的知识和多年的抱负理想，在一个瞬间彻底实现，虽然病魔缠身，依旧无法阻挡她的工作热情。

1949年7月，中华人民共和国成立前夕，政协筹委会决定把国徽设计任务交给清华大学和中央美院。清华大学的国徽设计工作由林徽因、李宗津等七人参加。

经过努力，清华大学和中央美院设计的国徽图案完成并在中南海怀仁堂参加评选，经周总理广泛征求意见，林徽因与梁思成领导的清华小组设计的国徽图案以布局严谨、构图庄重而中选。

1950年6月23日，林徽因被特邀参加了政协一届二次全体会议。会上，在毛泽东的提议下，全体代表起立，以鼓掌的方式通过了由梁思成、林徽因主持并设计的国徽图案。同年9月20日，中央人民政府主席毛泽东命令公布国徽图案，中华人民共和国国徽终于诞生了。国徽的设计凝聚着参加设计的每一位建筑师对国家的热爱，更倾注了林徽因的智慧和心血。

1951年，林徽因与梁思成对景泰蓝传统工艺进行改造，不但挽救了濒临停业的景泰蓝、烧瓷等传统工艺，还设计了一批具有民族风格的新式图案，并为工艺美术学院培养了许多优秀的研究生。中国第一位从事景泰蓝专业设计的工艺美术大师钱美华，就是林徽因的学生。

人民英雄纪念碑是1949年以后所建成的最重要的纪念性建筑，也是清华大学建筑系有幸参与贡献给国家的第一座重要建筑物。

1949年9月30日，中国人民政治协商会议第一届全体会议上通过了在首都建立纪念碑的决议。会议闭幕后，毛主席和全体政协委员由中南海怀仁堂来到了天安门广场，挥锹铲土，庄重地为纪念碑奠了基，宣告了几年之后，在这里将建立起一座纪念物。但至于这纪念物该用什么主题，采取什么形式却没有定下来。

1952年，林徽因担任了人民英雄纪念碑建筑委员会委员，承担为碑座设计纹饰和花圈浮雕图案的任务，并对纪念碑的整体造型、结构提出了原则性的意见。

这又是一件有意义的工作，也是林徽因建筑人生的又一座丰碑。每当林徽因参与设计一个新项目的时候，她考虑的首要问题就是建筑如何表现中国的民族形式。林徽因和梁思成一致主张，人民英雄纪念碑的设计应以碑的形式为主，以碑文为中心主题。

这种用以文字和书法表达纪念内容的传统方式而设计的人民英雄纪念碑，既能简明地表达对鸦片战争以来百年中人和事的纪念，又符合中国传统的民族形式，体现出中国的特色。

为了对人民英雄的伟大功勋表达永远的尊敬和纪念，在接近人视力高度的须弥座上做了花环和饰带形的装饰雕刻。这部分工作是由林徽因主持的，她以极大的热情努力投入到工作中去。

参与国徽和人民英雄纪念碑的设计，是林徽因一生中最大的成就。至此，她的事业达到了一个新的高度。

那时候，她的身体已经很不好了，长期卧床休息，梁思成的脊椎也受伤了，需要穿着钢背心才能行走。但他们依然接受了这项意义重大的工作，两人拖着病体商讨着设计方案，最终两个人都累倒在床，只有对国家怀有强烈爱的人才能做到这样。

林徽因、梁思成夫妇的好友，美国的费正清先生又一次提出接林徽因全家去美国疗养，被林徽因拒绝了，她说："我的祖国是中国，她还需要我，我不能抛下她。"

这样的林徽因真是值得后人尊敬的高贵女性。

同年，林徽因参加了中南海怀仁堂的内部装修设计工作，并参加了在北京召开的亚洲及太平洋区域和平会议。翌年，她当选为中国建筑学会第一届理事会理事，担任《建筑学报》编委、中国建筑研究委员会委员。1954年，她又当选为北京人民代表大会代表。

新中国成立后，林徽因受聘为清华大学建筑系教授，1950年，她被任命为北京计划委员会委员，对首都城建总体规划提出了有远见的意见。

她以极大的科学勇气和对国家、对历史负责的精神，反对拆毁城墙、城楼和某些重要古建筑物的错误主张，力主保存北京古城面貌，并提出修建城墙公园这个既能保存古文物又可供人民憩息的新设想。遗憾的是，虽然她为了保卫城墙，多方奔走，据理力争，但她的主张却没有被采纳。

为了保护这些古城墙，林徽因做了怎样的顽强的、绝望的抗争啊。

1952年8月11日到25日，在中山公园的中山堂召开了北京市第四届各界人民代表大会，议题是讨论拆除长安右门和长安左门。那次开会梁思成没有来，林徽因代表他发言。

她走上讲台，用雄辩的口才问各位代表：台下的椅子为什么要这样摆？还不是为了交通方便！如果说北京从明代遗留下来的城墙妨碍交通，多开几个城门不就解决了？

她的看法在代表中引起了不小的触动，当时天安门前东西两个“三座门”，即长安右门和长安左门，对来往车辆和行人很不方便，每年这里都会发生几起人车相撞的事故。所以，市委、市政府早已决心先把这两个“三座门”迁移，施工的各项工作都准备好了，只等着代表会上大家举手通过后，就立即开工，结果被林徽因给搅和了。

当时的北京市市长彭真，想着代表们的情绪很大，担心施工的方案难以通过，就示意立即停止会议。他召开所有代表中的党员开会，要求党员们一定要服从市委的决定，表决时都要举手。因为代表中党员人数居多，所以再开会的时候，方案便顺利地通过了。一夜之间，两个“三座门”就彻底从北京城的地面上消失了。

1953年5月，为了拯救四朝古都仅存下来的完整牌楼街，使其不因为政治原因而毁于一旦，正直的梁思成拍案而起，与吴晗发生了极为激烈的争论，最终由于意见严重不合，梁思成被气得当场失声痛哭。男儿有泪不轻弹，只是未到伤心处，为了保住这些珍贵的古代建筑，他不惜一切代价。

在1953年的夏天，同济大学教授陈从周先生和著名建筑学家刘敦桢先生一起来到了北京。文化部副部长兼国家文物局局长郑振铎组织欧美同学会，在骑河楼设宴请客，林徽因和梁思成也参加了这个宴会，一起来的还有北京市的副市长吴晗，吴晗是历史学家，也算考古界的人士。因为在座的都是考古与古建筑界的知名人士，所以，宴会期间大家主要谈的是文物的保护工作。

郑振铎说，只要推土机一开动，祖宗留下来的文化遗物，就寿终正寝了。听到这些话，林徽因想起那些被推倒的古代建筑，心如刀绞。她冲动起来，再也无法克制情绪，走上前去愤怒地指着吴晗，大声谴责。

那个时候的林徽因，重病在身，肺病已发展到了晚期，嗓音都失常了。但她依旧站了出来，对北京的领导人说："你们把真古董拆了，将来要懊悔的，即使把它恢复起来，充其量也只是假古董。"她的话，发自内心，真是句句中肯，饱含深情。一向温柔的林徽因，因为激动，气得连声音都变了，林徽因的心在滴血，她考虑的却不是个人的生命，而是古代建筑的精华。这个撕心裂肺的声音穿透历史的尘埃，至今仍叫人听后荡气回肠。

1953年8月20日，在北京市政府第一会议室，吴晗主持召开了关于首都文物建筑保护问题座谈会，参加会议的都是中央和北京市文物部门的领导和专家，还有一些社会知名人士，吴晗主持会议，梁思成和林徽因都在会上发了言。

林徽因谈到保护古文物与新的城市建设的关系时，是这样说的："这两个方面肯定是有矛盾的，首先考虑如何想办法保，想办法去解决矛盾，而不是首先考虑拆。中国建筑在科学和美学上的价值都不比欧美的建筑差。中国建筑最成功的是木构架和最庄严美丽的各式各样的屋顶，比欧美建筑更具美学价值。把它们保护下来，将来有钱了好好修整一下，给全体市民、全国人民以及外国友人来参观欣赏，有多好。如果把它们拆了，一切都没有了。"

当时还有人说天坛面积太大了，主张只留下祈年殿和圜丘等部分就可以了，把那些古柏全砍倒，作为新建筑的用地。林徽因激动地说："天坛如果没有了那些郁郁葱葱的古树，整个青葱肃穆的环境就没有了，天坛整个气氛也就破坏了。希望中央和市政府要认真考虑。"

在发言中，林徽因说"思成先生已发表了全部保存城墙和合理利用的建议"，就是说利用城墙做公园。遗憾的是，这个建议依旧没有被采纳，现在留给后人的只有梁思成画的那张漂亮的示意图了。那张示意图无言地告诉人们，北京曾有过那么雄伟那么漂亮的古城墙。

据说古城被拆，每毁掉一段城墙一个古建筑，梁思成和林徽因就心如刀绞一般。梁思成说，"建筑师是幸福的，因为他可以看到很多美的东西，建筑师也是痛苦的，因为他也会看到很多丑的东西"。

在明清古城墙拆毁时，梁思成和林徽因忍不住心头的怒火，他们心如刀绞，抚砖痛哭。他们是建筑学家，知道这些建筑都是代表了中国古代建筑最高成就的珍品，拆除了，就会永远地消失了。以林徽因的聪慧，她未必不会知道最终的结局，但她依旧顽强抗争，因为她有知识分子的良知，有超越于时代的眼光，她不愿意这样的惨剧在眼前发生。

虽然说一切努力都付之东流，他们的努力彻底失败了，但历史将永远记住她的名字，记住这个视建筑事业高于生命的女子，历史证明了她当年坚持的正确，历史会给她客观的评价。

什么是悲剧？悲剧就是把美好的东西摧毁人们却无能为力。

他们怎么能够容忍这样的惨剧在眼前发生？当这些古老的城墙一座一座从北京地面上消失时，林徽因的心在滴血，她的生命也走到了尽头，春蚕到死丝方尽，蜡炬成灰泪始干。

路已至此无须再走，她以死抗争，拒绝吃药，用生命做无言的抗争。“生，亦我所欲也，义，亦我所欲也。二者不可兼得，舍生而取义者也。”她选择了离去，但她的精神获得了永生，她的抗争，她的离去，是人生中最精彩的一幕。她用生命的消亡换来了精神的永生。

林徽因弥留之际，梁思成过来为妻子送行，放声痛哭，喃喃自语：“受罪呀，徽，受罪呀，你真受罪呀！”

真正知道林徽因的，唯有梁思成，虽然他不像徐志摩那么浪漫多情，但他们却是真正的知己，完全走出了个人、家庭的小天地，把个人和社会联系到了一起。

多少年后，看到北京的古城墙，看到那些高大美丽的城门楼，人们会想起林徽因和梁思成，想起有两个杰出的建筑学家曾为保卫它们而生死以赴，粉身碎骨在所不辞。也许随着时间的推移，当年的一切都将化为尘埃，埋没于历史的长河之中，但他们的精神将会永存，他们敢于大胆直言，是知识分子的骄傲。

梁思成说过："林徽因是个很特别的人，她的才华是多方面的。不管是文学、艺术、建筑乃至哲学她都有很深的修养。她能作为一个严谨的科学工作者，和我一同到村野僻壤去调查古建筑，测量平面爬梁上柱，做精确的分析比较；又能和徐志摩一起，用英语探讨英国古典文学或我国新诗创作。她具有哲学家的思维和高度概括事物的能力。所以做她的丈夫很不容易。"

美丽的林徽因在她疾病、衰老的时候，梁思成对她的爱从来没有改变，就如叶芝《当你老了》中所说：

"当你老了，白发苍苍，睡意蒙眬，在炉前打盹儿，请取下这本诗篇，慢慢吟诵，梦见你当年的双眼，那柔美的光芒与青幽的晕影；多少人曾爱过你的美丽，爱过你欢乐而迷人的青春，假意或者真情，唯独一人爱你朝圣者的灵魂，爱你衰老的脸上痛苦的皱纹；当你佝偻着，在灼热的炉栅边，你将轻轻诉说，带着一丝伤感：逝去的爱，如今已步上高山，在密密星群里埋藏着它的赧颜。"

梁思成对林徽因的呵护体贴细致入微，为了叫病中不愿意吃饭、日渐消瘦的妻子能吃上饭，他在工作之余学习蒸馒头、煮饭、做菜、腌菜和用橘皮做果酱。

1945年抗日胜利后，一些美国朋友力劝梁思成去美国工作并治病，他认为此时不应离开正在灾难中的祖国。后来有人责备他因此而使得林徽因过早去世时，“我无言以答。但我们都没有后悔，那个时候我们急急忙忙地向前走，很少回顾。今天我仍然没有后悔，只是有时候想起徽因所受的折磨，心痛得难受”。

当抗战期间林徽因病倒在西南的时候，限于战争时期的医疗条件，建筑学家梁思成竟然学会了注射，每天亲自为妻子打针服药；当后来林徽因做了肾切除手术，肺部结核也已到了晚期时，梁思成每天定时为她注射各种药液，这样的爱真是刻骨铭心。

早年林徽因没有选择徐志摩，也许是因为缘分不到，也许她感觉到两人之间的生活目标有不小的差距，林徽因忧国忧民的境界，是视爱情为生命的徐志摩所难以企及的。

而对于林徽因，爱情只是她生命的一部分，除了爱情，她还有事业，更有对国家的责任感。或者，在她所接触的人中，只有梁思成能和她有真正的共鸣。

这是怎样的林徽因？明明知道无法阻止城墙的拆除，但却甘愿做一个不自量力的螳螂，用柔弱的血肉之躯去阻挡，这样一个弱女子竟然有大丈夫之气。如莲花般高贵美丽的女子，竟然也有她怒目金刚的一面。

如果她的父亲在天有灵，肯定会为培养出这样一个女儿而自豪吧。她有着甘愿为国奉献生命的热血，也有一腔的似水柔情。

林徽因家族辉煌，她的两个堂叔林觉民、林尹民跟随孙中山革命，并在起义中牺牲，同被葬在黄花岗。尤其是林觉民，百年后，仍旧为后世之人所景仰，他在起义前两天写在帕子上的一封信，就是那封已流传了百年的情书——《与妻书》。他在信中抒发了他对妻子情真意切的爱，对小家的无限眷恋，充分表现了他细腻温婉的情感世界和为大家抛小家的崇高的精神。林徽因的弟弟也在抗战中以身殉国。她的家族中，流着为国献身的血脉，多年后，这样的林家又走出了一个令家族感到自豪的女儿——林徽因。

“思成，我要休息了……可是我还有话要对你说，还有一句最当紧的话要对你说，可我这会儿怎么就想不起来了呢？”

在1955年3月31日深夜，北京同仁医院住院部，她拼尽了全身的力气，只发出了这样极其微弱的声音。“我想见一见思成，我有话要对他说。”据说这是林徽因的最后一句话，她最想见的人是她终身的伴侣——梁思成。

不知道她要对梁思成说什么。相伴一生，她想告诉梁思成，要照顾好孩子，多保重自己吗？

“夜深了，有什么话明天再说吧。”

护士说。遗憾的是林徽因没有等到“明天”。

在同肺病抗争了15年之后，林徽因没有来得及亲眼见到她参与设计的人民英雄纪念碑在天安门广场上矗立。1955年4月1日早上6点，林徽因离开了这个世界，那年她51岁。她走了，在这一年四月春日的清晨，这是一天中最清新的时刻，她安静地离开了这个世界，她的生命永远定格于人间最美好的四月天。

1955年4月2日，《北京日报》刊发了林徽因逝世的讣告。她的治丧委员会由张奚若、周培源、钱端升、钱伟长、金岳霖等13人组成。4月3日，林徽因追悼会在北京市金鱼胡同贤良寺举行。在许多挽联中，金岳霖教授和邓以蛰教授题写的挽联格外引人注目：一身诗意千寻瀑，万古人间四月天。

北京市人民政府决定，林徽因生前设计国徽和人民英雄纪念碑有特殊贡献，遗体安葬在八宝山革命公墓。人民英雄纪念碑碑建会决定将人民英雄纪念碑碑座雕饰试刻的一个样品——林徽因亲手设计的一方汉白玉花环刻样移做她的墓碑。墓体是由梁思成亲自设计的，墓体简洁、朴实、庄重。

由莫宗江用中国营造学社特有的字体勾画出“建筑师林徽因之墓”几个字，用最朴实、简洁的造型体现出她一生的追求。

梁思成最了解林徽因，虽然她有着极高的文学天赋，写了很多优美的诗歌，但她毕生为之奉献的，依旧是建筑，她是一个伟大的建筑师。

林徽因比梁思成幸运，她躲过了那场动乱，她的身后事由丈夫和知己金岳霖悉心料理，人生如此，夫复何求?

1972年1月9日，梁思成病逝于北京。“文革”后，他的骨灰安放在八宝山革命公墓骨灰堂，与林徽因的墓地相邻。

在人间的四月天，林徽因安静地离去，她的一生是完美的，也是富有诗意的。

这个从民国中走出来、受到中西双重文化教育熏陶的才女，留给后人的并不仅仅只是她的美丽，也不仅仅只是她绝世的才华和业绩，更多的是她的骨气，她对国家的赤子之心。她成全了自己的丈夫，也成全了她心爱的祖国。

时光流逝，许多年以后，她浪漫的爱情故事、杰出的才华、对事业的执着追求，会被人渐渐遗忘，但她不畏强权，敢于仗义执言，光辉的人格和对国家深深的爱恋，将会永远被人们记住。20世纪，曾经有这样一个杰出的女性值得我们敬仰。

当年的繁华旧梦就像刚发生一样，当洗尽铅华的时候，更见真纯。那朵洁白的莲花，依旧在静静地开放着，吐着芬芳。林徽因的《莲灯》是这样写的：“如果我的心是一朵莲花，正中擎出一支点亮的蜡，荧荧虽则单是那一剪光，我也要它骄傲的捧出辉煌；不怕它只是我个人的莲灯，照不见前后崎岖的人生——，浮沉它依附着人海的浪涛，明暗自成了它内心的秘奥。单是那光一闪花一朵——，像一叶轻舸驶出了江河——，宛转它漂随命运的波涌，等候那阵阵风向远处推送。算做一次过客在宇宙里，认识这玲珑的生从容的死，这飘忽的途程也就是个——，也就是个美丽美丽的梦。”

这盏“莲灯”是林徽因的象征，纵然命运的波涌会把她推向渺茫的远方，但她仍无悔地面对一切，面对这玲珑的生，从容的死。既然一切都是瞬间，那么为什么不美丽的活着，给周围的人带来美好？

即使人生如梦，也要像庄周那样做个“美丽的梦”。

林徽因智慧的双眼看透了生命的终点，体味到了美的短暂，但仍然不放弃努力，执着地追求理想，表现了她通达的人生境界。不知道，她是否又想起了康桥，想起了那段和徐志摩相识的日子。在朦胧中，她仿佛看见康桥上有个翩翩少年，披着一身霞光，微笑着向她走来。

“生来如同璀璨的夏日之花，不凋不败，妖冶如火。死时如同静美的秋日落叶，不盛不乱，姿态如烟。”人间有多少种美好，有多少种风情，需要灿烂地绽放。夏日的鲜花，在盛开的瞬间极力展示美丽，在花开的一瞬间达到了顶峰。经过了夏花般的绽放，纵情欢乐后，对待死亡，要保有平常心，就像落叶一样，安静，却又义无反顾地回到大地的怀抱。

质本洁来还洁去，那朵白莲又回到了她的出生地杭州，就如林徽因诗歌《题剔空菩提叶》所写：

认得这透明体，
智慧的叶子掉在人间？
消沉，慈静——
那一天一闪冷焰，
一叶无声的坠地，
仅证明了智慧寂寞
孤零的终会死在风前！
昨天又昨天，
美还逃不出时间的威严：
相信这里睡眠着最美丽的
骸骨，一丝魂魄月边留恋——
……
菩提树下清荫则是去年！

林徽因的一生，是美丽的，传奇的，她的才情诗意，她的事业，她的追求，她的生活经历，她的贡献，叫人们永远记住这个莲花般的女子，永远记住她的人间四月天。

后 记

你就是天空，你就是细雨，你就是花朵，你就是人间四月的天。

一个美丽的母亲，怀抱着可爱的婴儿，她慈爱地看着年幼的、天使般可爱的孩子，宛若春天的花朵开在自己的怀中。孩童欢快的笑声，微风轻轻吹动，鸟儿嘹亮地唱歌，这些可爱的声音将四月的天点亮，构成了一幅最美的人间四月天的图景：

我说你是人间的四月天；
笑响点亮了四面风；轻灵
在春的光艳中交舞着变。

你是四月早天里的云烟，
黄昏吹着风的软，星子在
无意中闪，细雨点洒在花前。

那轻，那娉婷，你是，鲜妍
百花的冠冕你戴着，你是

天真，庄严，你是夜夜的月圆。

雪化后那片鹅黄，你像；新鲜
初放芽的绿，你是；柔嫩喜悦
水光浮动着你梦期待中白莲。

你是一树一树的花开，是燕
在梁间呢喃，——你是爱，是暖，
是希望，你是人间的四月天！

四月，万物复苏，是充满希望的季节，也是最美的季节，一切都在跃跃欲试地生长。鹅黄，是初放的生命；绿色，蕴含着无限的生机。柔嫩的生命，新鲜的景色，在这样的季节里是如此的与众不同。

三两点星光随意地闪着，和花园里微微舞动的花朵对语，轻灵的、舞动着光艳的微风，它在倾诉着，舞动着，温柔的夜色也在展示自己的神秘。

在这样的季节里，诗人满怀柔情蜜意，写下了心中的爱，“你是一树一树的花开，是燕在梁间呢喃，——你是爱，是暖，是希望，你是人间的四月天”！

文如其人，写下如此优美诗篇的，是一代才女林徽因。那个时候，她已经走过了青春的激情和浪漫，走进了波澜不惊的中年，抱着怀中的婴儿，看着一树一树的花开，她的脸上满是慈祥、爱和希望。

林徽因是美丽而高贵的，具有绝顶的聪慧，出众的才华，丰富的阅历。在林徽因的身上，外在的美貌和内在的修养完美地结合在一起，她高贵脱俗，明眸善睐，温婉细腻，贤淑端庄，坚毅乐观，多才多艺，是民国名媛中的典范。在她的身上，既有传统女子的美德，又有新女性的自我。她是温柔的母亲，贤惠的妻子。她是诗人，用一支妙笔，写出佳词丽句；她也是建筑学家，用一支彩笔，绘出雕梁画栋。

林徽因是中国非常出众的才女，也是中国第一位女建筑师，更是民国年间最美的一道风景。

朋友眼中的林徽因

金岳霖曾题“梁上君子，林下美人”的对联赠予梁思成、林徽因夫妇。

冰心说：“她很美丽，很有才气。”

文洁若为林徽因的美而惊叹之余，毫不掩饰对她才华的钦佩：“欧洲文艺复兴时期，曾出现过像达·芬奇那样的多面手。他既是大画家，又是大数学家、力学家和工程师。林徽因则是在中国的文艺复兴（五四运动）时期脱颖而出的一位多才多艺的人。她在建筑学方面的功绩，无疑是主要的，然而在诗歌、小说、散文、戏剧等方面，也都有所建树。”（文洁若：《才貌是可以双全的——林徽因侧影》）

卞之琳说：“她天生是诗人气质，酷爱戏剧，也专学过舞台设计，却是她的丈夫建筑学和中国建筑史名家梁思成的同行，表面上不过主要是后者的得力协作者，实际上却是他灵感的源泉。”（卞之琳：《窗子内外：忆林徽因》）

费正清晚年回忆林徽因曾说：“她是有创造才华的作家、诗人，是一个具有丰富的审美能力和广博的智力活动兴趣的妇女，而且她交际起来又洋溢着迷人的魅力。在这个家，或者她所在的任何场合，所有在场的人总是全都在围绕着她转。”（［美］费正清《费正清对华回忆录》）

李健吾：“然而，也恰恰就是这样的林徽因，既耐得住学术的清冷和寂寞，又受得了生活的艰辛和贫困。沙龙上作为中心人物被爱慕者如众星捧月般包围的是她，穷乡僻壤、荒寺古庙中不顾重病、不惮艰辛与梁思成考察古建筑的也是她；早年以名门出身经历繁华，被众人称羡的是她，战争期间繁华落尽困居李庄，亲自提了瓶子上街头打油买醋的还是她；青年时旅英留美、深得东西方艺术真谛，英文好得令费慰梅赞叹的是她，中年时一贫如洗、疾病缠身仍执意要留在祖国的又是她。”（李健吾：《林徽因》）

李健吾抗战期间听闻林徽因虽罹患重病而不离开祖国时，激动地说：“她是林长民的女公子，梁启超的儿媳。其后，美国聘请他们夫妇去讲学，他们拒绝了，理由是应该留在祖国吃苦。”（李健吾：《林徽因》）

家人眼中的林徽因

林徽因的父亲林长民说：“做一个天才女儿的父亲，不是容易享的福，你得放低你天伦的辈分，先求做到友谊的了解。”

《图像中国建筑史》，是梁思成的一部极其重要的著作，是用英文写的。他在《前言》中说：“我要感谢我的妻子、同事和旧日的同窗林徽因……没有她的合作与启迪，无论本书的撰写，还是我对中国建筑的任何一项研究工作，都是不可能的。”

“在现代中国的文化界里，母亲也许可以算得上是一位多少带有一些‘文艺复兴色彩’的人，即把多方面的知识与才能——文学的和科学的、人文学科和工程技术的、东方和西方的、古代和现代